W I Z A R D

The DHANDHO
ダンドーのバリュー投資
INVESTOR

低リスク・高リターン銘柄の発見術

THE LOW – RISK VALUE METHOD TO HIGH RETURNS

BY MOHNISH PABRAI

モニッシュ・パブライ［著］

船木麻里［訳］

Pan Rolling

The Dhandho Investor : The Low - Risk Value Method to High Returns
by Mohnish Pabrai

Japanese translation published by arrangement with John Wiley & Sons
International Rights, Inc. through The English Agency (Japan) Ltd.

私にとって三人の教師、ウォーレン・バフェット、
チャーリー・マンガー、オム・パブライに捧ぐ

目次

本書は二〇〇九年に出版された『ダンドー――低リスク・高リターンのインド式テクニック』を改題し、判型を変えて、新たに縦組みにして刊行し直したものです。

謝辞

本書は、著者がこれまで読書や友人との対話を通じて、そしてさまざまな直接的かつ本源的な体験を通じて遭遇したアイデアを、まとめたものである。私個人のオリジナルなアイデアは少なく、ほとんどが既存のアイデアを拝借したものである。

ウォーレン・バフェットが存在しなければ、パブライファンドも存在しなかっただろうし、本書を記すこともなかっただろう。ウォーレン・バフェットとチャーリー・マンガーが私の考え方に与えた影響は、誇張しきれないほど大きい。本書のすべてのページに、彼らの考え方が多かれ少なかれ反映されていると言っても過言ではない。過去数十年にわたり、きわめて貴重な知恵を献身的に伝授してくれた恩を十分に返すことはとうていできないだろうが、バフェットとマンガーに感謝したい。

また、親愛なる友人であるパット・フィッツジェラルドと彼の娘のミッシェルが本書の執筆を勧めてくれたことにも感謝している。本の執筆はそれまで私の課題ではなかったが、本書が刊行できたのは彼らの忍耐と励ましのお陰である。ミッシェルは個人的にも、このプロジェクトに強い関心を示してくれた。彼女の熱心な支援に感謝している。また、数々の優れた提案を提供してくれたワイリー社の編集者であるデボラ・イングランダーにも謝意を表したい。グレッグ・フリードマンやクリスティーナ・ベリガンなどワイリー社のスタッフ全員と一緒に仕事ができたのは大きな喜びだった。

若手社長たちのネットワークであるＹＰＯ（ヤング・プレジデント・オーガナイゼーション）のフォーラム仲間たちは、最初から最後まで私に付き合ってくれた。テリー・アダムズ、アンディー・グレアム、デーブ・ハウス、マイケル・マース、マーク・モーゼス、ジェイ・レイド、ライアン・リーチェスの諸氏に感謝したい。ＹＰＯは過去九年間、私の人生を変えるほど大きな経験を与えてくれた。ＹＰＯのメンバーにならなければ、パブライファンドを設立することも、本書を執筆することもおそらくなかっただろう。ＹＰＯから得られた以上のものを返すことはできないし、彼らには永遠に借りが残ると思う。本当に素晴らしい組織である。

私が初めて「ダンドー」という言葉を耳にしたのは、大学時代のルームメートのエイジェイ・デサイからだった。それ以来、一〇年ほど音信不通だったが、再会できたことをお互い喜びながら、ダンドーにまつわる会話をよみがえらせることができた。ありがとう、エイジェイ。

パブライファンドの素晴らしいオフィスマネジャーであるイザベル・セコーとソース４のマリベス・ネイギーは、原稿チェックに活躍してくれた。イザベル、マリベス、ありがとう。また、ウイットニー・ティルソンも編集上の提案をしてくれた。感謝している。友人のシャイ・ダーダシュティは、世の中に還元するという非常に大切なコメントを含めるべきだと提案してくれた。シャイ、ありがとう。良き隣人であり友人でもあるサミール・ドッシーが、私をマニラル・チャウダーリに紹介し、彼とのインタビューを実現してくれた。多忙な時間を割いてミーティングやディスカッションの機会を設けてくれたことを、マニラルに感謝している。

私の娘たちであるモンスーンとモマチーは、本書の執筆当初から大いに興味を持ち支えになってくれた。本書は、娘たちの未来の子供や孫を念頭に置きながら書いたつもりである。自分のひ孫がほこりを被った本書を探し出して読んでいる姿を想像するのは、実に楽しい。その姿を実際に目にすることはおそらくないだろうが、本書を書き上げるというゴールに向かって私を突き進めてくれたのは何よりもその想いだった。

そして私の亡き父親のオム・パブライは、私がティーンエイジャーになる前から貴重なダンドーレッスンを与えてくれた。父は、私に教えることを止めようとはしなかった。大学に入学する前から私はＭＢＡ（経営学修士）を修得していたようなものである。ありがとうパパ。パパに会いたいな。今でも教えてくれたレッスンを日常的に生かしているよ。そして私の母親が封筒の裏にちょこちょこっと書いて計算する手軽な会計処理方法は、今でも私がビジネスを素早く分析するときに利用している方法なのである。

最後に、私の親友であり妻であるハリーナ・カプール。彼女は常に私の挑戦に全面的に協力してくれた。原稿を最初に読んでくれたのが妻である。ありがとう、ジャナーム（**訳注**　ヒンディー語で命より大切な人）。君が想像しているよりも愛しているよ。人生は旅であり、旅こそが目的地である。私の旅を文字どおりファンタスティックな経験にしてくれた無数の人々。その一人ひとりに感謝の気持ちを伝えたい。

第1章

パテル・モーテル・ダンドー

アジア系インド人はアメリカの人口の約一%を占めており、約三〇〇万人いる。そしてこの三〇〇万人のうち、比較的少数のグループがマハトマ・ガンジーの出身地であるインド・グジャラート州から来ている。また、グジャラート州人のさらに少数のグループはパテルと呼ばれているが、彼らは南グジャラートのごく狭い地域の出身である。つまり、パテルはアメリカ人の五〇〇人に一人に満たないのである。そう考えると、全米のモーテルの半数以上をパテルが経営し、保有しているのは驚くべき事実である。さらにびっくりするのは、ほんの三五年前のアメリカにはパテルがほとんど存在しなかったのである。彼らは大した学歴も財産も持たずに、一九七〇年代の初めのころからアメリカに難民として上陸し始めた。インド人特有の強いなまりとたどたどしい英語力では、彼らの将来が明るいとはいえなかった。しかしこの大きなハンディと、あらゆる不利な情勢を乗り越えてパテルは勝利を手にしたのである。現在では全米モーテル市場の四〇〇億ドル以上の資産をパテルが保有しており、年間七億二五〇〇万ドル以上の税金を納め、一〇〇万人近い従業員を雇用している。しかし、このどこからともなく現れた貧しい少数グループが、いったいどのようにしてそのような巨大な富を所有するようになったのだろう。そのヒントは「ダンドー」という言葉に隠されている。

ダンドー（Dhandho）は、グジャラート語である。「Dhan」の語源はサンスクリクト語の「Dhana」（富）だが、ダンドーをそのまま訳すと「富を創造する努力と挑戦」の意味になる。しかし、ちまたでは単に「ビジネス」と訳されている。ビジネスとは、富を創造する努力と挑戦にほかならないからだ。

しかし、パテルたちの低リスク・高リターンのビジネス手法を観察してみると、ダンドーの意味はぐっと絞られてくるのが分かる。われわれはこれまで、高リターンを得るには高リスクが必要だと教えられてきた。ダンドーはこの概念をひっくり返したのである。ダンドーはつまり、リスクを最小にしながらリターンを最大にする方法なのである。典型的なパテルは当然のごとく、どんなビジネスもこのリスクと無縁のダンドー方式で取り組むのだが、それは彼らにとって呼吸をするのと同じくらいに自然のことなのだ。よってダンドーを分かりやすく説明すると、リスクをほとんどとらずに富を創造しようとする努力と挑戦である。

　すべての起業家だけでなく、本書の読者である投資家や資産の運用家も、パテル・ダンドー方式から学ぶべきである。ダンドーは資本配分の最高の手法でもあるのだ。投資家が、ほとんどリスクを伴わない賭けによって特大のリターンを得ながら投資を繰り返すことができるのなら、素晴らしい利益が得られるはずである。ダンドーは、パテルたちが過去三〇数年間で純資産を飛躍的に倍増させていった手法なのである。

　いや、少し先走りすぎたようだ。ゆったりと座り直して、冷たいものでも飲みながらリラックスしよう。筆者が、皆さんをこれからすてきな旅にお連れする。そして、この旅が私を初めとして数世代にわたるパテルビジネスマンと同様に、読者である皆さんにとって実りと利益の多い旅となることを願っている。

　アラビア海に面したグジャラート州は長く伸びた海岸線に恵まれ、複数の天然湾を有している。また、北回帰線が州を真横に横断しているこの地域は過去数百年の間、隣接するアジアやアフリカ諸国との重要な交易地であり、古来から異文化のるつぼの役割を果たしてきた。二〇世紀にイランから宗教的な迫害を受けて、難民として上陸したパーシスも、この地域に温かく受け入れられてきたのである。イスマイリの人々も同様にイランから一九世紀に入植している。つまり、グジャラート州の人々は何世紀にもわたって、アジアやアフリカの隣国と交易をし、行き来してきたのである。

パテルはもともとパティダールと呼ばれていたが、これは広い意味では地主である。というのも、ほとんどのグジャラート州の村では、地租を集めて治安を維持し、合理的な農場経営を行うパティダールが土地の領主によって地主に任命されていたからである。中世のパティダールは、その経営手腕や農業技術を基準に任命されていた。しかし、一般的にパテルは大家族であったために、各息子に土地が細分化されるに従い、農業だけで稼ぐのは困難になっていったのである。一九世紀後半から二〇世紀初頭になると、グジャラート州のイスマイリやパテルは東アフリカのウガンダなどの国々に大量に移住して行った。彼らはそこで、商人や鉄道事業の季節労働者になったのである。

パテルとイスマイリは何世紀もの間、非常に起業家精神にあふれたコミュニティーを築いてきた。そして数十年間かかって（まもなく発揮することになるダンドーテクニックを生かしながら）、ウガンダのビジネス界のほとんどをコントロールするようになっていったのである。イディ・アミン将軍がウガンダの独裁者になったのが一九七二年。彼は「アフリカはアフリカ人のものである」と宣言し、非アフリカ人は国を去るように命じた。アミンは、ウガンダ経済の大半を支配していたパテルが気に入らなかったのである。しかし、パテルやイスマイリなどの非アフリカ人はウガンダ生まれであり、何世紀にもわたりその土地で生活をしてきたために、ほかに行く当てもなく、ビジネスや土地財産のすべてがウガンダにあることなどは、アミンには関係がなかった。アミンにとって重要なのは単に、アフリカはアフリカ人のものであるということだけだったのである。

アミンは戻る祖国があるなしにかかわらず、すべてのアジア人の居住権を剥奪した。ウガンダは国家として、彼らのすべてのビジネスを没収し、その所有者に対する補償を一切せずに国営化したのである。このことにより事実上、七万人ものグジャラート州民が身ぐるみをはがされて、一九七二年末までに国から放り出されてしまうのである。

一九七二〜七三年当時は、国を失ったパテルたちの未来を大きく左右するような紛争が世界のあちこちで起きていた。一九七一年に建国されたばかりのバングラデッシュとその独立をめぐるパキスタンとの戦争から、インドはすでに深刻な難民問題を抱えていたのである。貧窮にあえぐバングラデッシュからの難民が何百万人もインドに流れ込んでいた。その結果、インド政府はウガンダから追放されたインド系移民の入国を拒否したのである。

また、アミンによるパテルの追放はベトナム戦争末期とも時期的に重なっていたために、アメリカは大量のベトナム難民の受け入れに追われていた。ニクソン大統領とキッシンジャー国務長官はウガンダ情勢には精通しており、パテルの苦境に同情的ではあったが、アメリカのインド系難民の受け入れ枠は限られていた。イギリス連邦の一員であることから、パテルやイスマイリの大半がイギリスやカナダへの移住を許可され、数千家族はアメリカに難民として受け入れられたのである。

アメリカに上陸した最初のパテルたちはモーテルビジネスに参入した。そしてその後、移住してきた数千人も、パイオニアに倣ってモーテルの経営者になったのである。では、なぜモーテルなのか？　実質的に彼らがみな同じ業界に参入したのはなぜなのか。

外国に移住していった民族の歴史を分析してみると、ある一定のパターンが存在することに気づく。シカゴでは初期のアイルランド系移民の多くが警官になり、家政婦のほとんどがポーランド系移民だった。ニューヨーク市では韓国系移民がデリなどの惣菜屋や食品雑貨業界に君臨している。中国系は同市のクリーニング店や洗濯屋を経営し、ほとんどのタクシードライバーはシーク教徒やパキスタン系である。奇妙な光景だが、カリフォルニア国際空港のレンタカースタッフのほとんどがターバンを巻いた年配のシーク教徒なのである。ラスベガスのタクシードライバーの多くが東欧系移民で、ドバイの売春婦のほとんどは東欧系かロシア系移民である。

特定の職業に同じ民族が集中するのは、人間が職業を選ぶときに手本が大きな役割を果たすからだろう。私と同じような顔をして、似たような育ち方をし、宗教も同じで、似たような学歴を持ち、良い生活をしている人物がいたとする。それは私が自分の天職を探しているときに、自ずと大きな影響力を及ぼすのである。スラム街の背の高いアフリカ系アメリカ人はＮＢＡ（全米バスケットボール協会）でプレーをし、人々がうらやむような生活をしている自分と同じように背の高いアフリカ系アメリカ人を目にする機会が多くなる。彼らは、ＮＢＡスターの多くが自分と同じような子供時代を経ていることをよく知っているのだ。バスケットボールの技術を磨くうえで、大きな刺激になるのは言うまでもない。

それでもまだ疑問は残る。アメリカに上陸した最初のパテルの集団がモーテルビジネスに参入した理由は？　どうして惣菜屋やコインランドリーや薬屋ではなく、モーテルだったのだろうか？　就職しなかった理由は？　その答えは一九七〇年代の初頭にアメリカで起きていた、もうひとつの人口移動に隠されている。第二次世界大戦後になると、郊外や州間ハイウエーが次々と建設されるようになった。自動車は中産階級の必需品となり、新たに造られた州間ハイウエーに沿って、アメリカ人家族が経営するモーテルが立ち並ぶようになったのだ。しかし、一九七三年の石油ショックとアメリカ政府の経済政策の失敗（賃金物価統制）から、全米が深刻な景気後退期に陥ったのである。

モーテルは、人々が自由に使える裁量支出に大きく左右される業界である。景気後退とガソリンの消費制限や空前のガソリン価格の高騰が相まって、宿泊率が大幅に下落したのだ。特徴のない小規模モーテルの多くは銀行に差し押さえられたり、投げ売り価格で売却されていったのである。そのうえ、家族経営であるモーテルオーナーの成人した子供たちはモーテル業界のほかにいくらでもビジネスチャンスがあることに気づき、成功の道を求めて群れを成して去っていったのである。

パパ・パテル

時は一九七三年。ウガンダの首都カンパラから放り出されたパパ・パテルは妻と三人のティーンエージャーの子供たちと共に、アメリカ合衆国のある町に到着した。脱出準備を整える期間は約二カ月しかなかったが、できるかぎりの資産を金やその他の通貨に換えて密航したのであった。しかし持ち出せたのは大した金額ではなく、数千ドルにすぎなかった。パパ・パテルは養わなくてはいけない家族のために、異国の地にできるだけ早くなじもうと努力をしたのだが、片言の英語力と強いなまりでは、最低賃金で食品雑貨店の袋詰めの仕事をするしかないことに気づいたのである。

ある日、パパ・パテルは非常に安い価格で売り出されている客室数二〇のモーテルを見て考えた。仮にその物件を購入すれば、売り手や銀行を説得して購入価格の八〇～九〇％を融資してもらえるだろう。そこが家族全員の住居になれば、貸借料はゼロである。モーテルを購入するために必要な現金は数千ドルで足りるのだ。そこでパパ・パテルは親戚と協力して約五〇〇〇ドルの現金を集めると、そのモーテルを購入することにしたのである。売り手と近所の銀行が、モーテルを借金の担保にすることに同意したのだ。アメリカに上陸した最初のパテル集団の一人であるダヒアバーイ・パテルが簡潔に述べたのは、「自分も家族も住み込みで働くことができたので、ほんの小さな投資で住居の問題を解決することができたのだ[1]」。

パパ・パテルは、家族全員が数部屋に住み込めば、家賃や住宅ローンを支払う必要もなくなるし、車も最低限の利用で済むだろうと考えたのだ。どんなに小さなモーテルでも、フロントには二四時間人がいなければならないし、部屋の掃除や洗濯物を処理する人手が必要であり、最低四人で八時間ずつ働かなくてはならない。パパ・パテルは従業員をすべて解雇し、ママとモーテルのあらゆる雑用をこなし、子供たちも夜間や週末、そして休みの日も手伝うようにしたのである。ダヒアバーイ・パテルは開業当時を振り返って、「私はモーテルのフロント係、大工、配管工、メード、電気屋、洗濯屋、その他もろもろの役割をすべてこなしていた」[2]と語った。使用人ゼロで、経費を徹底的に切り詰めたパパ・パテルのモーテルは、近所のどのモーテルよりも低い営業コストで経営されていたのである。そのため、最も安い宿泊料でも、彼の前任者や同業者と比べて、同等かそれ以上の一部屋当たりの利益率を得ることができるようになったのである。その結果、客室稼働率も上昇し平均以上の利益を生むようになった。同業者の客室稼働率は次第に落ち始め、宿泊料に対する圧力も厳しさを増したのである。しかし彼らのコスト構造では、パパ・パテルが提供する料金を実現することはできず、客室稼働率や利益が急激に悪化していったのだ。

典型的なパテルは菜食主義者で生活スタイルも極めてシンプルなのである。一九七〇年代のアメリカのレストランで菜食スタイルのメニューを提供しているところは少なかったので、パテル一族にとっては自宅で食事をするほうがずっと魅力的だった。昼夜を問わずモーテル経営に忙殺されていた彼らには、余暇を楽しむ時間はほとんどなかったのだ。結果的に、一家の生活費はとてつもなく低く抑えられたのである。おんぼろ車一台に、住宅ローンや家賃、公共料金や通勤時間がゼロ、外食せず、休暇や娯楽関連の出費もない。パパ・パテル家は年間五〇〇〇ドルをかなり下回る金額で、十分に居心地の良い生活を送ることができたのだ。

さて、一九七〇年代の物価は現在よりもずっと低かったので、最低賃金はわずか一ドル六〇セントだった。もしパパやママ・パテルがフルタイムで共働きをしたとしても、夫婦合わせてよくて年間約六〇〇〇ドルの収入しか見込めなかっただろう。しかし、もし五万ドルの投げ売り価格で、客室数二〇のモーテルを現金五〇〇〇ドルと残りは融資を受けて購入すれば、客室稼働率が仮に五〇～六〇％で宿泊料が一泊、一二～一三ドルだとしても、年間五万ドルの収益をモーテルは生み出すことができるのである。

米国債券の利回りが約五％だった一九七〇年代当時、モーテルのオーナーやほとんどの銀行が喜んで、モーテルを担保として年利一〇～一二％で購入資金を融資したのである。パテルの年間の金利負担は約五〇〇〇ドル、元本の支払いが五〇〇〇ドル、そして公共料金などモーテルの諸雑費や維持経費が五〇〇〇～一万ドル掛かるとすると、総経費は二万ドル未満である。仮に家族の年間生活費が五〇〇〇ドル増えたとしても（一九七〇年当時の総計）、パパ・パテルの年間純利益は生活費と税引後でも一万五〇〇〇ドルを超える。仮に別のパテル仲間から五〇〇〇ドル借金したとしても、四カ月で完全に返済可能なのだ。モーテルの住宅ローンをわずか三年で完済することだってできるのである。

投下資本五〇〇〇ドルに対する、年率換算の投資収益率（年率リターン）は驚くべきことに四〇〇％（年間の投資利益が二万ドル――キャッシュフローが一万五〇〇〇ドル、元本返済の差し戻し分が五〇〇〇ドル）になる。パテル仲間から五〇〇〇ドルを借りたとしたら、投下資本がゼロでフリーキャッシュフローが二万ドルとなり、投資リターンは無限大である。それは結構なことだが、もしこの事業がうまくいかなかったら？　失敗したら？　読者は心配するかもしれない。

このモーテル第一号の購入に際して、パパ・パテルは不動産を抵当に入れる必要があるだけでなく、貸し手に個人保証を取られる可能性が高い。しかし、パパ・パテルの所持金は五〇〇〇ドル未満なので、個人保証は意味がない。支払いを履行できなければ、銀行がモーテルを差し押さえることができるのだが、パパにはモーテル以外に実質的な資産がない。しかし、銀行にはモーテルを引き継いで運営する関心はないし、そのノウハウも持っていないのである。採算の合わないモーテルを売って、損失を埋めるのも非常に難しいだろう。

話は至ってシンプルなのだ。パテルにモーテル経営がうまくできなければ、ほかのだれにもできないのである。銀行にとって最良の選択肢は、パパ・パテルと協力しながら利益が出るようにモーテル経営を行うことなので、回復軌道に乗せるべくパパ・パテルと条件を再交渉しようとするだろう。状況が改善するまで、元本と金利の支払いを延期してくれるかもしれない。そして銀行が引き受けた痛みを相殺するために、金利を引き上げることもあるかもしれない。互いに損得なしにすればよいのである。パパ・パテルは相変わらずモーテル経営を続けている、そこは家族の住み家でもある、成功するためにできるかぎりの工夫と努力をするしか選択肢がないのだ。歯を食いしばるか、破産してホームレスになるか、なのである。

これは非常に安定したビジネスモデルに基づいており、キャッシュフローと収益性に裏づけされた既存事業である点を忘れないでほしい。けっして難しい話ではない。低コストのプロバイダーに揺るぎない競争力があり、パパ・パテルより低コストで経営できる者はほかには存在しない単純なビジネスなのである。モーテル事業は経済と共に浮き沈みするが、最終的に経済状況が良くなれば銀行も返済が再開されて、関係者すべてが満足するのである。だれよりも、パパ・パテルが。

それではこの投資を、「賭け」として見てみよう。起こり得るケースは三つある。

ケース一は、投下資本が五〇〇〇ドルで年率リターンが四〇〇%のケース。モーテルの事業期間が一〇年だけで、購入価格と同じ価格で売却される（五万ドル）。これは年間利息が三〇〇%で、一〇年目の最終利息が九〇〇%の債券と同じである。そしてこれは二一バガー（倍）、つまり一〇年間の年率リターンが五〇%を大幅に超えるのと同等である。割引率が一〇%だとして、ＤＣＦ（ディスカウント・キャッシュフロー）の見通しは**図表1－1**で示したとおりである。

図表1－1　DCF分析の最高のケース（パパ・パテル）

年	フリーキャッシュフロー（ドル）	将来のキャッシュフローの現在価値（100万ドル）
余剰キャッシュ		0
1	15,000	13,636
2	15,000	12,397
3	15,000	11,270
4	15,000	10,245
5	15,000	9,314
6	15,000	8,467
7	15,000	7,697
8	15,000	6,998
9	15,000	6,361
10	15,000	5,783
10	売却価格 50,000	19,277
合計		**111,445**

ケース二は、深刻な景気後退に陥ったためにモーテル事業が何年も落ち込むケースである。先述したように、銀行がパテルとローンの貸付条件について再交渉する場合だ。投資リターンが五年間はゼロであるが、景気が回復して好景気になるにつれて、超過フリーキャッシュフローが年間一万ドル（六年目から毎年のリターンが二〇〇％）。モーテルは一〇年目に購入価格で売却される。このケースの場合は、五年間の年間利息がゼロ％、続く五年間が二〇〇％で最終利息が九〇〇％の債券と同じである（**図表1－2**参照）。そしてこれは七バガー、つまり一〇年間で年率リターンが四〇％を超えるのと同じである。

図表1－2　DCF分析の平均以下のケース（パパ・パテル）

年	フリーキャッシュフロー（ドル）	将来のキャッシュフローの現在価値（100万ドル）
余剰キャッシュ		0
1	0	0
2	0	0
3	0	0
4	0	0
5	0	0
6	10,000	5,645
7	10,000	5,131
8	10,000	4,665
9	10,000	4,240
10	10,000	3,854
10	売却価格 50,000	19,277
合計		**42,812**

ケース三は、やはり深刻な景気後退に陥りモーテル事業が落ち込むケースである。支払い能力を失い、銀行に担保権を実行されたパテルは投資対象を失う。年率リターンは一〇〇％である。

実質的に以上の三つの結果ですべての可能性をカバーすることができる。ケース一が起きる確率が八〇％、ケース二が一〇％、ケース三が一〇％だとする。投げ売り価格で購入され、モーテル事業に精通した選り抜きの低コスト経営を実現しても、業績が予想をはるかに下回る確率は五分の一あるのだと想定しているのだから、これは非常に保守的な予想である。そしてまた、モーテルの価値や宿泊料が一〇年以上、上昇しないという非現実的な予想に基づいている。それでも、確率加重された年率リターンは四〇％を大幅に超えているのである。当該投資のＥＰＶ（期待現在価値）は約九万三四〇〇ドル（〇・八×一一万一四四五ドル＋〇・一×四万二八一二ドル）である。パパ・パテルの見通しでは、彼の五〇〇〇ドルを失う確率が一〇％、最終的に一〇万ドル以上を得る確率が九〇％（一〇年間、二〇万ドルを得る確率が八〇％）である。私には単純明快な賭けにみえる。

競馬場に行って、リターンが二〇倍になるオッズが九〇％で、負ける確率が一〇％だとして読者はその賭けをするだろうか？　もちろん！　一日中、その賭けを楽しみながら、自己資本の大部分をその素晴らしいオッズに賭けて当然である。これはリスクフリーの賭けではないが、非常に低リスクで高リターンが得られる賭けなのだ。「コインの表なら勝ち、裏でも負けは小さい！」

しかしそれでも、この賭けのリスクが本当に低いのか読者は納得しきれないかもしれない。もし持ち金をすべて賭けたら（パパ・パテルのように）、破産する可能性が残されていると思うかもしれない。

パパ・パテルがたったひとつの投資に賭けたのは確かなのだが、彼にはとっておきの切り札が残されていたのである。仮に貸し手に担保権を実行されてモーテルを失ったとしても、夫婦で食品雑貨店の袋詰めの仕事を四〇時間ではなく、六〇時間こなして貯金を最大化すればよいのである。一九七三年当時の最低賃金が一・六〇ドルだとして、年間九六〇〇ドルは稼げるのだ。税引き後でも、年間二〇〇〇～四〇〇〇ドルは簡単に貯金できる。二年もすれば、パパ・パテルは再びマウンドに上がり、次のモーテルを購入するという賭けをすればよいだけだ。

この賭けに二度続けて負けるオッズは一〇〇分の一である。そして少なくとも一度は成功するオッズは大まかに見積もって九九％だ。そして、投資に成功したときのリターンは二〇倍を超すのである。これはウルトラ級のリターンを伴うウルトラ低リスクの賭けであり、賭ける価値が非常に高いのである。「コインの表なら勝ち、裏でも負けは小さい！」

これだけ潤沢なフリーキャッシュフローを生み出すようになり、パパ・パテルは間もなく豊富なキャッシュを手にしていた。しかし彼のライフスタイルは質素なままであった。数年後には成人した長男にモーテルを譲り、一家は小さな家を購入して、新たに購入するモーテル探しを始めたのである。

今回は以前よりも大きい客室数五〇のモーテルを購入することにした。もう一家はモーテルに住み込んではいなかったが、依然としてほとんどの業務を自前で賄い、従業員は雇わなかった。公式はシンプルである。コストをできるだけ抑えることに固執し、いかなる同業者よりも低い宿泊料を提供し、宿泊稼働率を引き上げて、フリーキャッシュフローを最大化する。そして最終的には、やる気のある親戚のパテルにモーテル経営を任せていく一方で、新たな物件を次々と増やしていくのである。

ここには雪だるま効果があり、やがてアメリカの半分のモーテルがパテルに保有されているという驚くべき統計になった。そして、モーテル市場を完全に買い占めたパテルたちはより高級なホテルを購入し始め、圧倒的に競争優位である彼らの低コスト経営モデルを適用可能なガソリンスタンドやダンキンドーナッツのフランチャイズ、コンビニ（セブンイレブン）などのビジネスにも踏み込んでいったのである。なかには高級共用マンション業に手を広げた者もいる。雪だるまはこの非常に長い丘を下りながら、大きさを増していったのである。

第2章 マニラル・ダンドー

パテル・モーテル・ダンドーの話は面白いが、どうやらこれは一九七〇年代初頭の一時的なビッグチャンスだったようにも思える。同じことを今日、再現できるとは考えにくいかもしれない。ではその予想を、マニラル・チャウダーリが実際にたどった道程を検証しながら、反論してみようではないか。マニラルはパテルではないのだが、パテル同様にグジャラート州出身で、文化的・宗教的な背景も実質的にはまったく同じである。パテルのいとこといえるほど類似している。そして典型的なパテル同様に、起業家精神にあふれたダンドー遺伝子が彼らにも深く刻み込まれているのである。

砂漠の入り口から約八〇キロのところにある町、カリフォルニア州モレノバレーのマニラルのモーテル「ベストウエスタン」を訪れるために私がアービンのオフィスをあとにしたのは、南カリフォルニアの天気がとても素晴らしい二〇〇六年のバレンタインデーだった。共通の友人からマニラルの起業経験について簡単に話を聞いていた私は、その話にすっかり魅了されてしまい、インタビューをするために彼に接触したのだ。

控えめで気さくな五四歳のマニラルは、非常に実直で勤勉かつ感じが良い人物として知られている。グジャラート州生まれの彼は兄弟四人と姉妹二人に囲まれてインドで育ったが、一九七〇年代に兄弟の一人がアメリカに移住し、サンフランシスコ湾岸地域に定住していたのである。マニラルはインドでは会計士の資格を取って仕事をしていたのだが、一九九一年に彼の兄弟がスポンサーになり、グリーンカードを取得することができたために、妻子を連れてアメリカに移住したのである。

サンフランシスコに到着したマニラルには現金も財産もほとんどなかったが、兄の世話になりながら、自分の家族を養うために仕事探しを始めたのである。マニラルはアメリカに来る以前から英語を話すことができたし、われわれが初めて会ったときにはすでにアメリカ在住一五年だった。それでも、インドなまりの強い、たどたどしい彼の英語は特に電話だと聞き取りにくいと、筆者は感じていた。面と向かえば、まだ聞きやすいのだが、一五年前の労働市場では大きなハンディだったに違いない。

アメリカ国内における職歴も推薦状もないうえに、語学的なハンディキャップを抱えたマニラルがホワイトカラーである会計士の仕事を探すのは容易ではなかった。そしてついに、そのむなしい努力を続けることを断念したのである。家族を養う収入を得なければいけないというプレッシャーにさいなまれていたマニラルは、最低賃金のどんな仕事でも請け負う覚悟があった。しかし一九九〇年代のアメリカは深刻な不況に陥っており、状況は困難だったのである。マニラルの最初の仕事はガソリンスタンドで最低賃金で働く仕事だった。労働時間は午後三時から朝七時まで、一日一六時間労働で週七日勤務。彼は週に一一二時間働いていたのである。

そしてある日、南カリフォルニアのチェロキーインターナショナルというパテルが経営するコンピューターの電源装置を製造する成長中の企業が、人員を増強していると人づてに聞いたのである。マニラルは家族を南カリフォルニアに移住させ、定住費用の一部は彼の兄に用立ててもらった。

チェロキーインターナショナルで仕事を始めたマニラルはフルタイムで働き、会社が許すかぎりの残業もこなしたのである。やがて彼の会計能力を認めたチェロキーは倉庫の在庫管理の仕事を与えたが、給料は依然として最低賃金をわずかに上回る程度だった。マニラルの残りの兄弟二人と妹一人（プラス彼らの家族）も数カ月後には、職場に加わっていた。彼らは小さいアパートで共同生活を送っていたのだが、間もなく、成人メンバーのほぼ全員がチェロキーの組み立てラインで働くようになっていたのである。兄弟の一人は独身だったが、成人七人の給料がどんどん入ってくるようになり、マニラルと兄弟姉妹は熱心に貯金をし始めたのである。

彼らの第一目標はもう少し広い家に住むことだったので、一戸建ての家を購入することにした。一九九四年に、カリフォルニア州フットヒルランチという住みやすそうな町に、兄弟全員で貯めた約六万ドルを出して、二〇万三〇〇〇ドルの家を購入したのだ。また同年、マニラルはテキサコのガソリンスタンドで副業を始めたのである。それ以後は、チェロキーで朝八時から午後五時まで、ガソリンスタンドで午後五時半から一一時まで働いたのだ。ガソリンスタンドのイラン人オーナーはマニラルの誠実でまじめな勤務態度を評価し、ガソリンスタンドの事実上のマネジャーにしてくれた。そして給料のほかに、ガソリンスタンドの純利益の一〇％をマニラルに与えたのである。マニラルはガソリンスタンドの実質的なオーナーになり、必要に応じてスタッフを雇用したり解雇したりしながら、ガソリンスタンドがスムーズに経営されるよう徹底したのである。

やがてマニラルは、さまざまな品目のマージンや経費や儲けがどれくらいかなど、ガソリンスタンド経営に精通するようになっていた。一九九八年までにチャウダーリ家は妹家族のためにマンションを、そしてフットヒルランチに二軒目の家を一六万九〇〇〇ドルで購入していた。しかし、彼らのライフスタイルは相変わらずシンプルそのものだった。四人の兄弟姉妹は各家族が、毎月五〇〇ドルを共通の預金口座に預けることを当初から合意していたのである。そしてこの貯金が最初の家の頭金になった。その後の購入物件も、この共同貯金から引き出されたたのである。彼らは全員、極めてシンプルな生活を送りながら、昼夜なくせっせと働いたのである。その結果、娯楽に費やす余暇はほとんどなかった。マニラルによると、最初の二年間は一般的な観光スポットを集中的に巡ってかなり旅もしたらしい。しかしその後は遠出に興味を失い、全員が相当量の残業をこなしながら長時間労働に励んだのである。極めて低賃金でありながら、おのおのが年間数千ドルを貯金することができたのだ。

一九九八年になると、マニラルは近親者と一緒にスモールビジネスを買うことにした。ガソリンスタンド、酒屋、コインランドリーなどを検討した。ガソリンスタンドの雇用主はマニラルの目標を支持したが、犯罪率の高さや付随する面倒を考えると、酒屋は避けるべきだとアドバイスしたのである。モーテル案を支持したパテル親族もいたが、当時の南カリフォルニアではモーテル価格がすでに数百万ドルに跳ね上がっていた。マニラルは購入するビジネスを探し続けたが、これだと思えるものには出合えなかった。しかし彼は忍耐強く待ったのである。そして、二〇〇一年の九・一一のあとになると、旅行業界が大きく低迷し、モーテルの稼働率や宿泊料が大幅に下落したのである。

チェロキーインターナショナルにはパテルの従業員が大勢いたが、そのなかの一人であるショック・パテルは管理職についていた。マニラルを気に入った彼は、マニラルが経営する事業に投資をしたいと申し出たのだ。九・一一のあと、マニラルはモレノバレーにモーテル「ベストウエスタン」が四五〇万ドルで売り出されているのを発見した。高速道路を降りてすぐのところにある、約三エーカーの土地に建つ壮観な物件だが、約一四〇万ドルの頭金が必要だった。マニラルと兄弟姉妹の貯金は合わせて二二万五〇〇〇ドルだが、評価額が上昇していた彼らの手持ち住宅に対して、約一二万五〇〇〇ドルの住宅担保ローンを受けることができたのである。

そして、マニラル家がモーテルの二五％を保有して、三五万ドルのキャッシュを支払うという取引が成立したのだ。また、アショック・パテルが約二五万二〇〇〇ドルを投資して、一八％の利息を受け取ることになった。マニラルの別の友人三人も、それぞれ二六万六〇〇〇ドルを投資して、一九％の利息を受け取った。以下がモレノバレーのモーテル「ベストウエスタン」の保有者の内訳である。

保有者	（％）
マニラルと兄弟姉妹	二五
アショック・パテル	一八
マヘンドラ・パテル	一九
ラビ・パテル	一九
カヌー・パレク	一九
合計	**一〇〇**

マニラルは、どんなタイプのビジネスでも他人に資金を渡すことには極めて懐疑的であると、筆者に説明した。しかし、今回の取引は彼自身がモーテルを経営するのであり、投資家が彼に資金を提供する形だったのである。私は、パブライファンドも同じ形式だと彼に伝えた。私が投資家の資金を受け取るのでありその逆ではないので、投資家に対するデューディリジェンス（審査）を、あまり詳しくする必要はないのだ。

マニラルはチェロキーの仕事を辞めて、モーテルをフルタイムで経営し始めた。彼自身も給料を受け取り、利益はモーテルの保有率に従ってパートナーに分配されたのである。

さて四年間、早送りしてみよう。モーテルの現在の市場価格は九〇〇万ドルを超えた。これは一〇〇%の上昇である。いや待てよ、過去四年間で三一〇万ドルの一部は返済されている。毎年、約二〇万ドルが返済されたと仮定すると、残りは二三〇万ドルである。彼らの一四〇万ドルは、現在では六七〇万ドルの価値になっていたのだ。これは驚くことに、年率換算の投資収益率（年率リターン）が四八%だということである。

いや待ってくれ、まだある。この投資が過去四年間に生み出した配当を計算していなかった。マニラルが二〇〇一年にモーテルを購入したとき、平均稼働率は六〇%未満で、平均宿泊料は一泊五五ドルだったので、総収益は一六〇万ドル未満だった。

現在の平均稼働率は六五%を超え、平均宿泊料が約七〇ドルなので、総収益は約二一〇万ドルである。過去四年間で収益が約五〇万ドル増えたことになる。そして基本的なコストは、おそらく一五万ドルぐらいしか上昇していないだろう。よってモーテルは年間八〇万ドルを超すフリーキャッシュフローを生み出しており、これはマニラルにすてきなサラリーを支払ったあとの数字だ。

それでは、マニラルの立場に立って経済性を見てみよう。彼の給料は年間最低五万ドルだが、これはかつての職場であるチェロキーやガソリンスタンドに比べると大きな飛躍である。この「モーテル債」に対する彼の親族の三五万ドルの投資は当初、年間約一二万五〇〇〇ドルの利息を生み出した。そしてこれは毎年約二万五〇〇〇ドル増え、現在では約二〇万ドルになっている。当初、この債券の受取利息は三六％だったが現在は五七％である。さらに、もし今、この債券を売ると、三五万ドルを取り戻せるだけでなく一七〇万ドル近くを手に入れることになるが、これは四年で初期投資額の約四倍を回収するのを意味する。

最近のマニラルは、カリフォルニア州チノヒルズに「ホリデイ・イン・エクスプレス」を建設するのに忙しい。土地は一三〇万ドルで購入したが、総額八〇〇万ドルになると見ている。そして年間収入は、約二三〇万ドルを見込んでいるのだ。彼は当然のことながら、すべての財務データを開示したがらなかったが、私の勘では「ベストウエスタン」が借り換えを行い、投資家は投資資金を回収しただけでなく、それ以上を手にしたのだろう。「ベストウエスタン」の借り換えと堅調なキャッシュフローが、チノヒルズその他のプロジェクトの資金源になっているのである。

チャウダーリ家の兄弟姉妹は、それぞれが独立した不動産を保有するようになっていた。兄弟の一人と姉妹の一人は、それぞれユタ州の小規模モーテルを保有して経営している。両物件とも客室数四〇～五〇で、購入時の頭金は約二五万ドルだった。彼らはモーテル経営に乗り出すために、チェロキーを退職したのである。そして兄弟の一人は依然としてチェロキーに勤めている。マニラルは、一九九四年に購入したフットヒルランチの家で相変わらず地味な生活をしている。彼の子供たちは全員、ことのほか成功しており、ほとんどが医者や歯科医などの専門職である。彼の三二歳の娘は結婚して子供が二人いるが、やはり最近、ユタ州にモーテルを購入して夫と共に経営しているのだ。

これこそまさに、マニラル・ダンドーである。彼は一生懸命に働き、できるかぎり貯金して、そのすべてをたったひとつのシンプルな賭けに投資したのである。九・一一が与えた深刻な影響に動揺した旅行業界は崩壊寸前だった。価格と稼働率が暴落するなか、マニラルが参入し機会を生かしたのである。物件を三年間探し回り、これだと思う掘り出し物が見つかるまで、彼は辛抱強く待った。マニラルの話は、典型的な「厳選した少数に賭ける、大きく賭ける、たまに賭ける」である。つまり、「コインの表なら勝ち、裏でも負けは小さい！」ときにだけ参加するのである。

第3章

ヴァージン・ダンドー

読者はすでにこう思い始めているかもしれない。「パテルやマニラルの成功には敬意を表するし、興味深い話だが、われわれが同じことをするのは明らかに無理がある。できるだけ貯金を増やしてモーテル帝国を築きたいという目標があったとしても、成人した兄弟姉妹やその家族と何年も一緒に暮らすなんてごめんだ。週一〇〇時間労働や、モーテルに家族と住み込む気にもなれない」。それだけでなく、彼らの人生やビジネスに対するこのようなとっぴな姿勢は、家族環境や遺伝子が素因になっているはずだと感じているかもしれない。彼らと同じようにダンドーの旅にこぎ出すことは、彼らにしかできないのだと。

それではその懸念を払拭するために、パテルでもグジャラート州やインド出身でもない、偉大なるダンドー起業家を紹介しよう。イギリスのサリー州出身の彼はその出身国らしく、このうえなく華やかである。彼はまさに人生を満喫して楽しんでいるのだ。パパ・パテルとリチャード・ブランソンには一見、何の共通点もないが、ビジネスに対するアプローチの仕方には密接なつながりがあるのである。両者とも筋金入りのダンドー実践者なのだ。それでは、ヴァージンアトランティック社の誕生の経緯を掘り下げながら、最小限の資本と実質的にリスクゼロで、どんなビジネスもスタートさせることができる方法について学んでみよう。まさにダンドーの巨人である。

時は一九八四年。リチャード・ブランソンは航空業界について何の知識もなかった。起業家の旅を一五歳でスタートさせた彼は、音楽の録音と配信関連の見事なビジネスで大成功していたのである。

ある日、だれかがブランソンに、ロンドン－ニューヨーク間を全ビジネスクラスで飛ばす航空会社の事業計画を送ってきたのである。七四七型ジャンボジェット機を飛ばす航空会社を設立する事業計画を、音楽ビジネスの経営者が受け取るころには、その計画が少なくとも三〇〇カ所で断られてから彼の机の上に到着したのだということは、ブランソンも承知していた。またその業界に精通している専門家たちにも断られてきたのだということも承知していた。その事業計画は、当該セクターの既存プレーヤーが十分なサービスを提供していないと主張していたのである。そこで、ブランソンは週末を利用してそのルートを飛んでいる主要なディスカウント航空会社に予約を入れようと試みたが、いっこうに電話がつながらなかったのである。[1]

ブランソンの結論はこうだった。彼らがビジネスマンとして無能なのか、多すぎる需要に圧倒されているかのどちらかであり、いずれにしても競争に参入するチャンスがあることを意味している。ブランソンはオリジナルの事業計画を大幅に変更して、ユニークな二クラスサービスを選択することにした。

週末の間中、彼は慎重に考えてみた。そして月曜になると、音楽ビジネスの彼の共同経営者や経営幹部に、航空事業に参入する希望があると伝えたのである。彼らの反応は、「リチャード、君の頭はどうかしているよ」だった。彼らはまず、世の中で一番高額な七四七型ジャンボジェット機が必要になるのだとブランソンに指摘した。「どれだけするか知ってるのか?」。彼らは一様に関心を示さず、この大それたアイデアを支持する者はいなかったのである。

しかしブランソンはあきらめなかった。彼はシアトルの番号案内サービスに電話をして、ボーイング社の代表番号を聞き出したのだ。そして、ボーイングの受付が電話に出るなり、七四七型ジャンボジェット機のリース契約について話がしたいと伝えたのである。何度か転送されたあとにやっと担当者にたどりつくと、ブランソンはボーイングに古い飛行機が余っているかどうか質問したのだ。電話の相手はあると答え、ブランソンは一年間のリースを検討してくれないかと尋ねたのである。ボーイングの社員はブランソンの英国風アクセントを愉快に思いながらも、弊社にはかなりの数の顧客がいるが、リースをするとしても得意先としかしないと答えたのである。しかしブランソンはあきらめず、見積りを要求したのだ。[2]

ボーイングがおおよその数字を提供すると、ブランソンはヴァージンアトランティック航空を設立するための総支出と責任限度額（仮に失敗したら）は二〇〇万ドルにすぎないと踏んだのである。彼のレコード会社は順調で、その年は一二〇〇万ドル、翌年は二〇〇〇万ドルを稼ぐ勢いだった。

ブランソンは、航空ビジネスでは飛行機の燃料代は飛行機が到着した三〇日後に、そしてスタッフの給与は飛行機が到着した一五～二〇日後に支払うが、すべてのチケット代を飛行機が飛ぶ約二〇日「前」に手に入れることができる点に気づいたのである。このシナリオだと、運転資金のニーズはかなり低いし、ボーイングから有利な短期リースを得られるのなら、飛行機を購入する必要もないのである。

ブランソンは少人数の地上スタッフを雇い、新聞に広告をいくつか出して、予約を取り始めようと考えた。さて、ボーイ・ジョージのレコードはヴァージンがプロデュースしていたこともあり、二人は友人同士だった。ブランソンはヴァージンアトランティックの設立当初に社員の士気を高めて、やる気を出させるために、ボーイ・ジョージをヴァージンアトランティックの本社機能を果たしていた貨物格納庫に連れて行ったことがある。社員たちは大歓迎したが、ボーイ・ジョージは施設内の混乱にはかなり驚かされたようだ。あとになってブランソンに、「事業がちゃんと着地できてほっとしている」と白状したという。設立当初は相当、混乱していたのである[3]。

シリコンバレーでこのアイデアを提案しようとしたら、シャレた事業計画書と、会社説明のフリーフィングは必須だろう。そして、基本的なインフラ作りなどに最低、六〇〇〇万ドルの立ち上げ資金が必要になる。しかしブランソンは、この道は進まなかった。いわゆる「事業計画」は週末の間に出来上がり、ブランソンの頭の中で描かれていたのだ。事業計画が文字にされたことは一度もなく、設立当初に取締役会もアドバイザーもなく、ＶＣ（ベンチャーキャピタル）もエンジェルも存在しなかった。航空業界に対する経験も専門知識もないひとりの個人によって設立されたのである。

ヴァージンアトランティックに対する筆者の解釈は単純に言えばこうだ。二億ドルする七四七型ジャンボジェット機と大量の従業員が必要な規制の厳しい業界で、実質的に資本金ゼロで事業をスタートさせることができるのなら、読者が始めてみたいと思うほとんどのビジネスを最小限の資本金で離陸させることができるのである。資本金は、クリエイティブなアイデアとソリューションで補えばよいのだ。

ブランソンはサービス上のギャップを見つけて、それを開拓したのである。英国航空やほかの競争相手が目覚めて、そのギャップが縮小したときには、すでに彼は強いブランドを確立していたのだ。ヴァージンアトランティックは今なお、非常に厳しい業界で非常にユニークな商品を提供し続けている。ヴァージンアトランティックの事業計画は正真正銘のダンドーである。

「コインの表なら勝ち、裏でも負けは小さい！」

今日におけるヴァージングループは、二〇〇〇を超すビジネスを束ねた年商約七〇億ドルの株式非公開企業である。グループは年間約六～七億ドルのフリーキャッシュフローを生み出している。二〇〇〇を超すビジネスのほとんどすべてに共通する要素は、設立時に投資資金がほとんど必要なかったことである。「コインの表なら勝ち、裏でも負けは小さい！」

二〇〇五年に彼らは、ヴァージンパルスというエレクトロニクス製品ブランドを音楽小売大手であるターゲットのストアで発売し始めた。[4] ターゲットは、デザイナーがデザインしたパーソナル・エレクトロニクスの専門ブランドを、ターゲットのために開発するよう要求したのである。ターゲットは店内の最も良い売り場スペースを提供することを保証したので、ヴァージンの流通コストもリスクもゼロに等しかった。商品ラインアップのデザインはシックなデザインショップのエッコに頼み、中国の製造メーカーを見つけることができたので、ヴァージンは高い利益率を維持することができるようになったのである。リスクは非常に限定されている代わりに、メリットは絶大だった。リスクの大半を負ったのは受注を見越して生産しなければならないメーカーであり、すべてのストア内に最高の売り場スペースを確保しなければならないターゲットだったのである。ヴァージングループはこの製品を発売するにあたって、ニューヨークのパーティーでヴァージンパルスを身に着けたセクシーなモデルたちとブランソンを踊らせるというイベントを利用した。投入された資金はほとんどなかったのである。典型的なダンドーがここでも作用している。「コインの表なら勝ち、裏でも負けは小さい！」

典型的なダンドーのもうひとつの例はアメリカにおける携帯電話サービスであるヴァージンモバイルだ。ヴァージンモバイル自体は、携帯電話のネットワークを所有も運営もしていない。スプリント（Sprint）がすべてのバックエンドを提供し、ヴァージンモバイルのブランドでサービスを供給している。ヴァージンはこのサービスのターゲットをティーンエージャーに絞り、クールな携帯や携帯のメニュー、プリペイド携帯カード、ティーン中心のヴァージンブランドなど、ティーンにとって非常に魅力的な商品になるよう焦点を定めたのである。ヴァージンの投資額は非常に小さかったのだ。仮に失敗してもリスクはほとんどなかったのである。技術、料金の請求、顧客サービスなどのすべてのインフラは、スプリントが提供した。ヴァージンが提供したのはブランドや製品の位置づけであり、利益の大半をヴァージンが得たのである。成功すればヴァージンにとってメリットは絶大で、失敗してもリスクは微々たるものだった。ヴァージンモバイルは急速に拡大し、設立から三年以内で売り上げが一〇億ドルを超えた最も急成長した企業として、記録を作ったのである。これもまた、「コインの表なら勝ち、裏でも負けは小さい！」である。

一九九七年にヴァージンチームは王立スコットランド銀行と共に、ヴァージン住宅ローンブランドのひとつとして、革新的な住宅ローン商品を「ヴァージン・ワンアカウント[5]」という名前で提供し始めた。この画期的な住宅ローン商品は借り手の当座預金とローン残高を相殺して、正味ローン残高に対してだけ利子を課すのである。ここでもヴァージンの投資分はほとんどない。すべてのバックエンドは銀行がまかなったのである。ヴァージンが提供したのはブランドとマーケティングの支援だけであり、投資したキャッシュはほとんどなかった。しかし、利益の大半をヴァージンが得たのである。「コインの表なら勝ち、裏でも負けは小さい！」

ブランソンは、英領バージン諸島にネッカー島というプライベートアイランドを所有している。[6] ここは素晴らしい島であり、フォックスチャンネルのリアリティ番組『レベル・ビリオネア』の最終回でも放映されている。この島は、ブランソンが購入する数年前には三〇〇万ポンドで売り出されていたのだが、ブランソンの開始価格は希望価格から九五％引きの一五万ポンドだった。彼が提示した価格は物笑いの種だったが、数週間後にブランソンはわずか一八万ポンドで島を手に入れたのである。言うまでもなくブランソン卿はそれ以後、彼の別荘投資に対して見事なダンドーリターンを得ることができたのだ。読者は友人一三人とネッカー島で、一泊ちょうど三万ドルで過ごせるのである。[7]

リスクが最小限なので、リチャード・ブランソン卿にとって倒産率はどうでもよいことなのである。仮に、先述したベンチャーの半分が失敗、あるいは成長しなかったとしても構わないのだ。そもそも、実質的に投資した資金がほとんどないのだから。ヴァージンモデルは未来のVCモデルなので、ベンチャーキャピタリストはこのモデルに注目すべきである。ブランソンは、ウルトラ低リスク・ウルトラ高リターンのVCなのだ。多くの人が彼にアイデアを提供するが、彼が実行に移すのは選り抜いたものだけである。ブランソンはこれらのビジネスに出資することなく、大きな株式保有比率、時には五〇対五〇の比率で株を手に入れているのだ。また、ヴァージンアトランティックのように、ほとんど投資せずに一〇〇％保有するケースもある。

ブランソンの旅を二つの言葉で要約すると、ヴァージンとダンドーである。そして彼の双子の兄弟であるマニラルやパパ・パテルのように、ブランソンを一言で表すと、「コインの表なら勝ち、裏でも負けは小さい！」。

第4章 ミッタル・ダンドー

パキスタンの国境に近いラジャスタン州はインドで最も美しい州であり、マルワール地方はそのなかの小さな地方都市である。マルワールの人々はダンドー手法の最高の実践者として広く認知されている。彼らの素晴らしいダンドービジネスはパテルたちを圧倒する場合が多い。

フォーブス誌による二〇〇五年の世界の金持ちランキングは、ビル・ゲイツとウォーレン・バフェットが恒例の上位二位までを独占したが、じりじりと三位に追い上げていたのはマルワール出身の起業家であるラクシュミ・ミッタルだった。[1] 三〇年前に実質ゼロからスタートしたミッタルは今日、二〇億ドルを超す純資産を保有している。彼のダンドーへの旅はビル・ゲイツとだいたい同じ時期に始まっている。よく知られているように、ビル・ゲイツは投下資本に対して最高のリターンをもたらす業界にエネルギーを注いできた。ゲイツはエンジニアを数人集めて、MS－DOSとワードを生み出し、何百万部もコピーを販売したのである。

それではそのものすごい経済性を見てみよう。デルパソコンにマイクロソフト・オフィスを導入するために、ソフトが一部、デルに送られたとしよう。デルがパソコンにオフィスを導入するたびに、ワシントン州レドモンドに数百ドルを送付することになる。世界中でコピーが数百万部、作られているために、毎年、マイクロソフトに数十万億ドルをもたらしているのだ。投下資本に対するリターンは法外で、売上総利益率は一〇〇％に接近する勢いである。

ラクシュミ・ミッタルのダンドーの旅で驚くのは、製鉄所という過酷な採算構造を持つ産業に彼のわずかな資本とエネルギーのすべてを注ぎ込んだことである。マイクロソフトのケースと違って製鉄業では、最終製品の販売価格を調整することも原材料費を調整することもできないのである。製鉄業は極めて資本集約型の事業なのだ。それだけでも十分に悪条件の混合であるのに、従業員は労働組合にも加入しているのである。製鉄業は、資本の投資先として過去三〇年ほどは最悪だった。世界中のプレーヤーがこの業界でひどく苦しんだ揚げ句に、その多くが倒産したのも無理はないのである。

ミッタルは、一九七六年にインドネシアの何の変哲もないある小さい製鉄所から事業を起こした。あらゆる点で情勢は不利だったのにもかかわらず、彼は世界で最も大規模で収益性が高い製鉄所を作り上げたのである。そして何よりも重要なのは（彼にとって）、純資産が二〇〇億ドルを超え、今なお成長し続けていることだ。どうやったのか？　その答えはただひとつ、ダンドーである。

カザフスタンの巨大製鉄所であるカルメト[2]を買収したときの例を見てみよう。この企業は激しい赤字に苦しみ現金がなくなって以来、従業員に給与を支払えなくなっていた。ソビエト時代の責任者が従業員のために食糧とスチールを物々交換しなくてはならないほど倒産寸前の状態だったのだ。よってカザフスタン政府は、ただ同然でも喜んで製鉄所のカギをミッタルに渡したのである。ミッタルは全従業員を雇用し続けながら製鉄所を運営しただけでなく、彼らに対する未払い賃金のすべてを支払い、五年のうちにキャッシュを大量に生み出す盛大なビジネスに生まれ変わらせたのである。従業員や町の住民は町を崩壊から救った人物として、文字どおりミッタルを崇拝しているのである[3]。

同じような筋書きはルーマニアのサイデック製鉄所でも繰り返されており、一九九二年にメキシコ政府がシバルサ製鉄所のカギを二億二〇〇〇万ドルでミッタルに手渡している。メキシコは製鉄所を設立するのに二〇億ドル超をかけていたのだ。一ドル紙幣を一〇セント、またはそれ未満で手に入れるのがダンドーの巨人である。ミッタルは常に、一ドルの価値がある資産を一ドルをはるかに下回る価格で手に入れる手法を取っていた。その後は彼の秘密のソースをかけて、この巨大な製鉄所を極めて効率良く運営したのである。

グーグル、オラクル、シスコ、そしてインテルを創設した人々は全員、豊かな才能の持ち主だったが、彼らには、純資産が成層圏に届くような追い風が吹いていたのである。彼らは素晴らしい経済性を持ち、投下資本に対する極めて高いリターンをもたらす事業に焦点を絞っているのだ。しかし驚くのは、すさまじい向かい風を受けていたはずのミッタルの純資産が彼ら全員をしのいでいるのである。ダンドーフレームワークのおかげで彼はフォーブス四〇〇のなかの二人を除く、全員に勝ったのである。そして忘れてはならないのは、ミッタルを抜いた二人もダンドー手法の真の名人であり実践者なのだ。シアトル、オマハ、マルワール、どこの出身であれ、ダンドー式ビジネスフレームワークは、ほかのいかなる手法も打ち負かすことができるのである。

マルワール出身者にしっかりと染み付いたダンドー手法について付け加えると、つい最近、筆者がマルワール出身の友人と夕食を共にしていたときのことだ。典型的なマルワールなら、どのようにベンチャーに投資をするのか尋ねてみたのである。すると彼がこともなげに言ったのは、マルワールのビジネスマンは仮に小学校の教育しか受けていなくても、投下資本を配当の形で三年以内にすべて回収するのが当然だと思っているそうである。そして、回収後も投資価値が継続されることを期待しているのだ。彼らは、ウルトラ低リスクの賭けであることを期待しているのである。さてみなさん、これは耳よりな話である。ハーバードビジネススクールでこれは教えてくれない。読者が投資を行う前に、このマルワール公式を適用したとしたら以下の二点が保証されるのだ。

1. 提案された投資案件のほとんどを、迷わず見送るようになる。
2. ごく小さい資本金で始めても、数十年後には非常に裕福になっているだろう。

トランステック・ダンドー

それではここまでのダンドー起業家に加えて、筆者自身のダンドー経験について述べてみたい。私にとって初めての事業であるトランステックを設立したときには、実質的に資金はないに等しかった。勤務先のテラップスの４０１ｋ退職金口座に約三万ドルと、事業を始めるにあたって契約したクレジットカード数枚のキャッシング上限が合計七万ドルあっただけである。

アメリカの破産法を調べてみると、それほど面倒そうではなかった。仮に事業が傾き、負債を賄うことができなくなっても、自己破産を申告すれば、また初めからやり直せるのである。これはパパ・パテルの状況に非常によく似ていた。失うものが少ないから、リスクも大してないのである。それに、退職したときに上司から、いつ戻っても歓迎するし、昇給もしてくれそうなことを言われていたのだ。失うとしたら、４０１ｋ退職金口座の三万ドルだけだったが、当時のわたしはまだ二五歳で、退職資産の減耗はどうでもいいことだったのである。

私はテラッブスで働くかたわら、一九九〇年二月にトランステックを設立した。顧客先に営業訪問する日は半日、休暇を取るようにしていたのだ。自宅で朝の六時半から八時半まで新規事業の仕事をし、日中は勤務先で働き、午後六時から深夜まで再び新規事業の仕事をした。給料は今までどおり入ってくるし、経費もほとんど必要なかった。最初のクライアントを獲得して年間二〇万ドルを超す収益が確実になった時点で退職したのである。

私が取った手法を見れば、ゼロリスクのアプローチなのが分かる。リスクがあるとすれば、401kの三万ドルを失うかもしれないということだけだった。しかし、得るものは絶大で、数百万ドルは軽かったのである。ビザとマスターカードが残りの融資をするベンチャーキャピタリストの役割を果たしてくれたのである。当時、私はまだ独身だったので家族の心配もいらなかった。朝食や夕食のほとんどはサブウェイのサンドイッチで済ませていたので、経費は非常に低かったのだ。

テラッブスにそのまま居続けるのはリスクの高い人生計画だと思った。会社にとどまるだけでは、退屈で気の長い昇進の道を進むことになるのだろうと予想できたのだ。三四～三五歳で独立しようと思っても、状況がずっと複雑になっているだろう。そのころには妻と子供が数人いるだろうし、そうなると独立してリスクフリーの賭けをするのは難しくなる。二五歳の独身であることが、少なくともひとつのリスクを減らしていたのだ。

私のゲームプランは非常にシンプルなものであり、裁定ベースのビジネスモデルだった。私のバリュー投資計画は、インド発の古いノウハウとクライアント・サーバー・コンピューティングの能力を活用しながら、アメリカ中西部における深刻な人材不足を補充するというものだった。テラップスを退職したころの私には、利用可能な資金が一〇万ドルあり、事業はすでに収益を生み出し、ある程度の利益も生み出していた。実質収益と利益を生み出してくれる最初の顧客を二件確保したことで、私はリスクが非常に限定されたと確信したのである。これは典型的な「コインの表なら勝ち、裏でも負けは小さい！」。

トランステックは順調に成長した。一九九六年にわれわれは、アメリカで最も急速に成長している企業五〇〇社のなかの一社であるインク５００誌の五〇〇企業に選出されたのである。一〇年間で収益がゼロから年間二〇〇〇万ドルに成長し、他人資本は一銭も利用しなかった。キャッシュフローがすべての資本増加と、それ以上を賄っていたのである。しかし、急成長を遂げていたのと、利用可能な資本を再投資していたために、現金は常に不足していた。一九九一年の後半に、トム・ハラジムという素晴らしい銀行家に出会い、彼はわれわれの計画を気に入ってくれたのである。ハラジムは私のすべてのクレジットカードを完済してくれたうえに、現金をなるべく早く確保するために行っていた売掛金のファクタリングの重いコスト負担から私を解放してくれたのである。トランステックの純粋な売掛金に基づいたはるかに安いクレジットラインをアレンジしてくれたのだ。

一九九四年にわれわれは資産の一部を約二〇〇〇万ドルで売却したが、このときに筆者は初めてリッチだと実感することができたのである。その後、二〇〇〇年にビジネス全体が数百万ドルで売却された。三万ドルの投資が一〇年間で一五〇倍を超すリターンをもたらし、年率換算した投資収益率（年率リターン）が六五％を大幅に超えたのである。私の給料は年間四万五〇〇〇ドル（退職時）から、数年後には三〇万ドル超を安定的に稼ぐまでになっていた。秘密のキーワードはダンドー。莫大な利益と、ほとんどと言っても良いくらいに、リスクがゼロ。これも典型的な「コインの表なら勝ち、裏でも負けは小さい！」タイプの賭けなのだ！

第5章

ダンドーフレームワーク

一見すると、パパ・パテル、マニラル、ブランソン、ミッタル、そして私が始めた旅はかなり多様である。しかしいかに多様であれ、われわれが選んだ道はどれも、似たような目的地に到着しているのである。われわれの旅はいくつかのコア原理を共有しているが、以下の九つの原理がダンドーフレームワークの構成要素になっている。

1. 既存ビジネスの購入に絞る

パパ・パテルが起業家になると決めたとき、彼はまったく新しいビジネスを始めたわけではない。明確な目標と、彼が分析可能な長い経営の歴史を備えた既存ビジネスを購入したのである。これは新規事業を立ち上げるよりも、ずっとリスクが低い方法だ。マニラルとミッタルも同じ方法を取った。

2. 変化が大変緩やかな業界のシンプルなビジネスを購入する

一九七〇年代初頭に、パパ・パテルがウォーレン・バフェットの名前を耳にしていた可能性は低いだろう。お互いに、これ以上、異なる環境はないところで育ったのに、両者とも同じ結論に達しているのである。長期的な変化が最高に緩やかなビジネスを購入するべきだ。

われわれは変化を投資の敵とみなす……よって変化しないものを探す。損をしたくないからだ。資本主義はなかなか残酷である。われわれは、だれもが必要とするような平凡な製品を探し求めるのである。[1]

ウォーレン・バフェット

人間が長距離移動をして、寝て疲れを取るニーズがあるかぎり、モーテルやホテルのニーズはなくならないのである。筆者の前の事業であるトランステックは急速に変化する業界の企業に見えるが、これもシンプルなローテクビジネスだった。分かりやすくいえば、核となっているのはサービス業なのである。情報産業（ＩＴ）が過去数年で劇的に変化した一方で、提供されるサービスの根本的な性質や経済性は本質的には変わっていない。ＩＢＭの技術志向のビジネスは変化が速いが、ＩＢＭのグローバルサービスやアクセンチュアは変化が少ないのである。

3．行き詰まった業界の、行き詰まったビジネスを購入する

けっして売却で儲けようと期待しないこと。絶好の購入価格を狙うことで月並みな価格で売っても好結果を得ることができるのである。[2]

ウォーレン・バフェット

参入戦略のほうが実は出口戦略よりも重要である。[3]

エディー・ランパート

第1章で述べたように、一九七〇年代初頭は石油ショック、深刻な景気後退と消費者の裁量支出の減少によって、高速道路沿いのモーテルの経営は苦しかった。そしてこれらのモーテルは、お粗末で短期的な見通しのせいで非常に安値で売られていたのだ。パパ・パテルは、行き

詰まった状況下でお買い得価格で買うことができる点に気づいていたのだ。マニラルも九・一一直後に、当時、行き詰まっていた旅行業界に参入したのである。ミッタルは、大変行き詰まった地域の国々の、大変行き詰まった業界の、大変行き詰まった事業に大量の資金を詰め込んだのである。このケースなどは行き詰まりの三重苦である。ミッタルがフォーブス四〇〇の上位に迫っているのもうなずける。二一歳のときにコロンビア大学の学生を前にバフェットが述べたのは——。

どうやったら金持ちになれるのか皆さんにお話ししましょう。ドアを閉めてください。ほかのみんなが怖気づいているときに貪欲になり、ほかのみんなが貪欲になっているときに怖気づけばよいのです。[4]

ウォーレン・バフェット

パパ・パテル、マニラル、ミッタルが一九五二年のコロンビア大学の密室にいたわけではないが、彼らはビジネスを買う最適なタイミングが、短期的な見通しが暗く、そのビジネスが受け入れられず嫌われているときだと、本質的に理解していたのである。そのような状況下では、潜在的価値よりも大幅に割り引かれた価格で投資家が資産を購入できる可能性が高いのだ。ラクシュミ・ミッタル以上にそのことを知っている者はいないだろう。

4．競争上の優位性を保てるビジネスを購入する――堀

投資のカギは、その産業が社会にどれだけ影響を与えるか、あるいはどれだけ成長するのかを評価することよりもむしろ、対象企業の競走上の優位性と、何よりもその優位性が持続するかどうかを見極めることにある。製品やサービスの周りに広くて長持ちする堀があるものこそが、投資家に利益をもたらしてくれるのである。[5]

ウォーレン・バフェット

低コストの事業経営に固執することで、パパ・パテルは競争相手よりもはるかに低い料金を請求しながらも、堅調な利益を維持できたのだ。このことによって、今晩のモーテル一泊という非常に痛みやすい商品であっても、高い客室稼働率を達成したのである。そしてこの優位性には永続性があり、数十年間、維持されているのだ。優位性が危険にさらされるのは、パテル同士が直接対決するときだけである。しかし、パテルはアメリカという広い国におけるニッチで少ない人口なので、お互いにほかのパテルと直接対決しないように気をつければよいのである。

パパ・パテル、マニラル、そしてミッタルの堀は最も低コストのプロデューサーになることで築かれてきた。ブランソンも、その事業の周りに広く深い堀が存在するのを確信したときに

だけ、事業に乗り出している。堀の一部は彼のブランドを拡張することで築かれ、一部は非常に斬新な商品を創造することで、そして残りはそれらを鮮やかに遂行することで築かれているのである。

ＩＴサービス業は、収益が経常的に発生するビジネスである。顧客との関係性や、彼らのビジネスやシステムに対する知識こそがＩＴサービス業の隠された深い堀なのだ。顧客のビジネス内容や技術インフラに詳しくなるにつれて、ほかの競争相手に置き換えられるのが難しくなり、収益が経常的に流入し続けるのである。フロリダ大学の学生を前にバフェットが述べたのは――。

私は、競争相手が簡単に参入できるようなビジネスには興味がない。私が欲しいのは堀を備えているビジネスだ。堀の中心には立派な城が欲しいし、城の責任者である公爵はとても正直で勤勉で有能でなくては困る。城の周りの堀だが、堀の性格はそのときによって違う。私の自動車保険会社のガイコの堀は低コストだ。[6]

ウォーレン・バフェット

故ローズ・ブラムキンはネブラスカ・ファーニチャーマート（ＮＦＭ）を創設したミセスＢとしてのほうがよく知られているが、彼女もそのタイプの女公爵である。低コスト事業者であることが、数十年たった今日でもＮＦＭの永続的な成功と成長の基本なのである。ミセスＢはグジャラート州出身ではないが、彼女はパパ・パテルの双子の妹なのだ。

5. オッズがあなたにとって圧倒的に有利なときには大きく賭ける

パパ・パテルのモーテルだって失敗する可能性はあった。しかし、五年の間に連続的に行われた二度の賭けの結果が、パパ・パテルに不利になるオッズはほんのわずかだったのである。仮に両方の賭けに負けたとしても、もともと大した資金でスタートしたわけではないので、損失はごくわずかなのだ。社会的なセーフティーネットが再建する手助けをしてくれただろう。ところが、もし勝った場合――彼が一度は勝つオッズが九九%以上あった――投資した二〇倍以上の資金を手に入れることになる。これも典型的な「コインの表なら勝ち、裏でも負けは小さい！」。

ウォーレン・バフェットのビジネスパートナーであり、バークシャー・ハサウェイの副会長であるチャーリー・マンガーは株式市場に投資をするときに、競馬のパリミューチュエル、賭金分配法をメンタルモデルとして利用している。カジノと違って、競馬ではほかのプレーヤーに対して賭けをするのだ。そして、全掛け金のきっかり一七%を競馬場が受け取る。株式市場と比べると、フリクショナルコスト（取引コスト）が非常に高いのである。マンガーによると――

われわれにとって投資は、パリミューチュエル方式に対して賭けをしに行くのと同じ行為である。二回に一度は勝ち、一ドルに対して三ドル取れる馬を探すのだ。ミスプライスされた割安のギャンブルを狙う。投資とはそういうものだ。そしてそのギャンブルがミスプライスされているかどうかを見極めるだけの知識は必要だ。それこそがバリュー投資である。[7]

チャーリー・マンガー

競馬でコンスタントに勝つには、賭けに伴う驚異的な一七％のフリクショナルコストに打ち勝たなくてはならない。マンガーによると、競馬場に一七％をしっかりと支払いながら、競馬の賭けで生計を立てている人が実際に何人か存在するらしい。[8] 彼らはすべての馬とレースを観察するが賭けはしない。そして、彼らが非常によく知っている馬に対して、非常に見当外れのオッズ（彼らにとって有利な）に遭遇すると、そのレースのその一頭の馬に大きく賭けるのである。その後は再び賭けをしないで、次のチャンスが現れるまで馬やレースをいつまでも観察し続けるのである。

これはわれわれ五人のダンドー起業家と大して変わらない方法である。彼らは全員、資金と賭けを集中させているのである。普段は何もしないか、非常に小さい賭け（ブランソン）しかしない。しかし彼らにとって有利で驚異的なオッズに、たまに遭遇する。そのときには思い切って、大きな賭けをするのだ。

6. 裁定取引に注目する

裁定取引の古典的な定義は、同一のまたは類似した金融商品の価格差を生かして利益を出す試みである。例えば、金がロンドンで一オンス五五〇ドル、ニューヨークで一オンス五六〇ドルで取引されていたとして、取引コストが低いと仮定すると、アービトラージャーは、ロンドンで金を買った直後にニューヨークで売ることで価格差をポケットに入れることができる。もちろん、ほかのだれかが同じ取引をするにつれて価格スプレッドはより狭まり、裁定取引のチャンスはいずれ消滅する。裁定取引のスプレッドは小さくて、一瞬のうちに消える場合もある一方で、これは実質的にはリスクフリーで、その状態が続くかぎり、タダなのである。コロンビア法科大学院でウォーレン・バフェットが語ったように――。

今夜、ここに母がいないので皆さんに白状しますが、私だってアービトラージャーだったことがあるのです。[9]

ウォーレン・バフェット

裁定取引のゲームをするときにはタダで何かを手に入れることになる。はっきりした裁定スプレッドが存在するときには負けるわけがないのだから、さまざまな形態の裁定取引のゲームをするのは結構なことだ。パパ・パテルも裁定取引のゲームをしているのである。彼の裁定ビジネスはリスクフリーではないが、大変低リスクなのは間違いないし、典型的な裁定取引に類似した性格を数多く備えている。

図表5―1のように、二つの町があったとしよう。町Aの人口は四万人で、町Bの人口は三万人である。町Bの理髪店で働いている理髪師がいるが、彼はその店の従業員である。彼は町Bから二七キロのところにある両町の間の町Cに住んでいるという新しい客たちが、店を訪れるようになっていることに気づいた。

どうやら新しい町が生まれているようだが、町Cには理髪店がなく、その町の住人は町Aか町Bまで車で通わなくてはならないようだ。そこでこの理髪師は考えたのである。店に通うために往復一時間、そしてガソリン代が四～五ドルかかるし、車も消耗するはずだ。町Cに理髪店があれば、住民はそこに通うのではないだろうか。

資金がなかった彼は、町Cに古びたおんぼろの店を見つけた。現在のテナントから市場価格よりはるかに安く月極めでまた借りし、理髪店に必要な基本的な器具をそろえたのだ。散髪台はたった一つしかなかった。そして、手作りの看板を表に掛けて仕事を開始したのである。投下資本は極めて低いので、仮に失敗しても前の仕事にフルタイムで戻れるし、金銭的な損失はほとんどないだろうと計算したのだ。彼はまた、前の仕事をパートで続け、新しい仕事も安定した顧客が得られるまでパートの仕事にすることで、リスクをさらに削減したのである。もし

図表5－1　ダンドービジネスの裁定取引

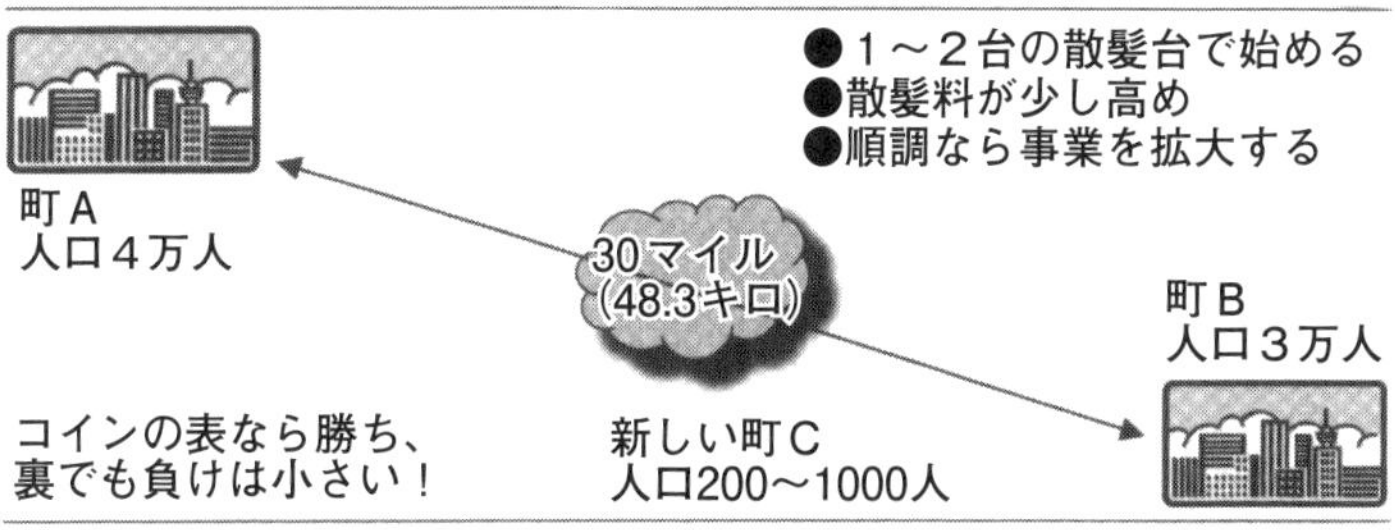

うまくいけば、自分が雇用主になり、小さいながらも自分のビジネスを持てるチャンスなのだ。

　人間は習慣の動物である。毎朝、同じ側から顔のヒゲをそり、髪の毛も同じようにとかし、理髪店だって毎月、変えたりはしないものだ。町Cに開店した途端に、彼はリピート客を得始めて、収益も増えた。ほかの町より少しだけ技術力が低くて、少しだけ価格を高めに設定したとしても、客にとって決定的に時間の節約になるので、依然としてその店に通い続ける可能性が高いのだ。このおんぼろで、散髪台が一つしかない理髪店は次第に客であふれるようになっていった。彼はインフラと雰囲気を改善し、散髪台を一つ増やし、理髪師を一人雇い、ビジネスを拡大し始めたのだ。そして、開店から数週間後には仕事に忙殺されるようになり、二カ月以内に前の仕事を辞めたのである。この賢い理髪師は気づいていないかもしれないが、彼がやっているのは実質的には裁定取引のゲームなのである。

　彼の裁定機会は、一番近い競争相手との間に存在する二七キロのスプレッドである。スプレッドが存在し、町Cが成長を続けるかぎり、彼が高めの料金を設定してサービスが多少劣ったとしても、収益は安定的に増え続けるのである。

ほかのいかなる裁定取引のスプレッドと同様に、このスプレッドも時と共に縮小し、いずれは消滅する。ほかの理髪店も同じような店を次々と開店するようになり、町Cにはいずれ町Aや町Bと同等の人口当たりの理髪店が存在するようになるだろう。しかし、このスプレッドが消滅するには、ゆうに数年は掛かるとみられる。それまで、この理髪店は平均以上の利益を荒稼ぎし、忠実な顧客層を獲得しているのだ。彼は市場価格に合わせて料金を下げなくてはならないかもしれないし、競争の激化に伴って市場レベルにサービス水準を引き上げる必要もあるかもしれない。しかし彼はすでにブランドを築いており、満足のいく顧客数を確保しており、彼らは習慣になっている散髪に安値を求める可能性は低いので、彼の店にリピート客として戻ってくる可能性が高い。裁定スプレッドが消滅し、平均以上の利益が過去のものであっても、ブランドと忠実な顧客層は何年にもわたり持続的な利益を彼にもたらし続けるのである。彼のビジネスは町Bの彼の以前の雇い主のビジネスとそっくりになっていた。初期投資に対するリターンは抜群であり、われわれ五人のダンドー起業家とさほど変わらないのだ。彼もまた、リスクフリーに近い裁定取引のタイプの賭けをしたのである。

パパ・パテルやマニラルの裁定取引のゲームはシンプルだ。彼らがモーテルを買い取った途端に、営業費用が大幅に落ちるのである。低コスト構造によって、ほかよりもかなり安い平均宿泊料を請求することで、高い顧客稼働率が得られるのだ。この低コスト・高稼働率は、新たな競争相手であるほかのパテル仲間が現れるまではすべての競争相手に対する彼らの裁定スプレッドになる。そしてパテル仲間がひょいと現れるまで、一五～二〇年はかかるかもしれないのである。

典型的なパテルはバカではない。彼はモーテルの所有権を確保するよう取り計らい、パテル仲間と直接対決しない道を迷わず選ぶ。これらはすべて、裁定チャンスを長引かせるためである。それでもスプレッドはいずれは消滅するのである。しかしそれは数十年先かもしれないので、それまでの間はパパ・パテルやマニラルは裁定取引のスプレッドをできるかぎり搾り取れるのだ。

ブランソンの裁定は、彼が飛び込んだ業界に彼が提供する革新的なサービスである。いずれ彼の革新の多くが競争相手にマネされ、堀が縮小し、裁定取引のスプレッドも崩壊する。しかしここでもまた、スプレッドは一〇～二〇年以上は軽く存在し続けるのである。

ミッタルが、通常の価格よりもずっと低く資産を手に入れたあとに経営を合理化するとき、彼には低コスト生産者という確固たる優位性がある。そしてそれ以後、彼は労働力、原料、燃料コスト、そして最良の販売価格、これらに対するグローバル規模の裁定取引という、第二の揺るぎない優位性を確立したのである。世界中の広範な地域に工場を持つことで、彼は地域ごとに生産される製鉄のタイプと数量を最適化し、その優位性を最大限に生かしているのだ。そして今では、その圧倒的なスケールとブランドによって彼は第三の揺るぎない優位性を手に入れた。数量や生産能力の規模のおかげで、競争相手に比べて有利な価格交渉をバイヤーやサプライヤーと進めることができるので、コストをさらに引き下げることができるようになっているのである。

7. 潜在的な本質価値よりも大幅に割り引かれた価格でビジネスを購入する

パパ・パテルがベンジャミン・グレアムの『**賢明なる投資家**』[10]（パンローリング）の読者だったとは思えないし、グレアムの「安全域」（マージン・オブ・セーフティー）についても聞いたことすらなかっただろう。それにもかかわらず、パパ・パテルは収益増加の余地について考える以前に、損失リスクを最小化する概念を潜在的に理解していたのである。本質的な価値よりも大幅に割り引かれた価格で資産を購入することができれば、仮に将来の展開が予想以上に悪かったとしても、資産の永久喪失のオッズは低くなるのだ。まさにパパ・パテルが実践したとおりである。モーテルを購入したときには十分な安全域を確保していたのである。ベンジャミン・グレアムによると――。

安全域の役割とはつまり、将来の正確な予測を不要にすることにある。[11]

ベンジャミン・グレアム

8. 低リスクで不確実性の高いビジネスを探すべきである

パパ・パテルのモーテル購入自体には大したリスクはなかった。しかしその結果は大きな不確実性を伴っていたのである。ガソリン価格が高止まりのままで、景気後退が続いたら？　しかしそのシナリオでも、パパ・パテルは低コストのプロバイダーであり続けるだろう。引き続き低めの料金を提供し、高めの客室稼働率を手に入れることができるのだ。見通しの暗いシナリオでも、彼の結果はかなり良い。そして好景気になり、ガソリン価格が安定すれば、大儲けするだろう。よってモーテル投資は、彼にとって極めて低リスクで不確実性が比較的高い投資なのである。

低リスクと高い不確実性は素敵なコンビである。特に、パリミューチュエル方式ベースの株式市場における企業価格が、大幅に割安になるからだ。ダンドー起業家はまず、損失のリスクを最小化することに専念する。低リスクの状況では当然のことながら、損失も少ない。不確実性の高さは、起こり得る結果を保守的に予想することで対処できるのである。すると、あなたは典型的なダンドーのスローガンを手にすることになる。「コインの表なら勝ち、裏でも負けは小さい！」

9．革新者になるよりも成功者に倣ったほうが良い

最初のパテル数人が、彼らに続く数千人のパテルのための道筋をつけたのである。パパ・パテルは、初期のパテルたちが小さいモーテルを手に入れるのを見ていた。このパイオニアたちとの会話を通じて、頭を使わなくても分かるビジネスモデルが彼には明確になったのである。彼は新しい手法を導入しようとしたのではない。同郷者がつけた道筋に従っただけなのである。彼に続いた数千人のパテルたちも新しい手法を導入したのではないし、マニラルもそうしなかった。筆者自身も、トランステックを設立するアイデアの種は前の雇用者であるテラップスから得たものだ。彼らはそのアイデアを推進する気がなかったが、私には非常に大きな可能性が見えたのでテラップスを辞めて、そのアイデアを拝借して発展させたのである。革新は運任せだが、すでにあるアイデアの拝借や拡大ははるかに低いリスクで、見返りが大きくなる可能性が高いのだ。

以上が、ダンドーフレームワークである。それでは要約してみよう。

●新規ではなく、既存のビジネスに投資する

- シンプルなビジネスに投資する
- 行き詰まった業界の行き詰まったビジネスに投資する
- 永続的な堀を周囲に備えたビジネスに投資する
- 厳選した少数に賭ける、大きく賭ける、たまに賭ける
- 裁定取引に固執する
- 常に安全域を確保する
- 低リスクで不確実性の高いビジネスに投資する
- 革新的なビジネスよりも成功者をマネたビジネスに投資する

第6章

ダンドー101
――既存のビジネスに投資する

あなたが投資できる資産クラスは、CD（譲渡性預金）、米長期国債、債券、株、不動産、未公開株式、金、銀、プラチナ、原油先物など多すぎるほどあり、リストに終わりはない。しかし、過去一〇〇年間の総合株価指数のリターンを調べれば、ほかのいかなるアクセスしやすい資産クラスよりも、株が良い結果を出していることが分かるだろう。この事実が圧倒的に示唆しているのは長い目でみれば、資産を投資する最良の場所は普通株だということである。それではなぜ、人類が創造したこの不思議な株式市場というものを探求してみよう。

人類が地球上を闊歩するようになって五万年ほどたつが、人類同士の資産の売買は数千年前から盛んになった。最初の株式市場は一七九〇年にフィラデルフィアに作られたばかりで、それに続き一七九二年にニューヨーク株式市場が開かれたのである。[1]株は、価格が小刻みに動き続ける謎めいた紙切れだと、多くの人に思われている。それも確かにひとつの見方だ。しかし、ベンジャミン・グレアムが指摘したそれよりもずっと良い見方は、既存のビジネスに対する保有持ち分だと思うことである。パパ・パテルのモーテルはどの株式市場にも公開されていない。もし公開されていて、読者が株を購入したとすれば、パパ・パテルの共同出資者になる。そしてモーテルが大金を儲けるに伴い、読者も彼と同じくらい利益を得られるのだ。

ビジネス全体を売買することに対して、株式市場が提供する六つの大きな強みは――。

1. パパ・パテルのようにビジネス全体を購入すると、本格的に取り組む必要がある。あなた自身が経営するか、その能力のあるだれかを探さなくてはならないのだ。これはそう簡単なことではない。パパ・パテルはうまくやったが、成功させるには猛烈なエネルギーと、家族全員の献身を数年間にわたり必要としたのである。

2. 株を購入すると、すでに人材を備えていて、運営されているという大きな強みを有する潜在ビジネスに対する保有持ち分を所有することになる。大した努力もせずに企業所有権のあらゆる利得を共有できるのである。株式市場は、あなたが選んだ期間だけ、あなたが選んだ複数のビジネスの一部を保有することができ、あなたは自分のパソコン上で何回かクリックするだけで、自分の持ち分を売買できるという高い流動性を手にするのだ。人類は読者にほかのどのような投資手段よりはるかに優れ、驚くほど安くて扱いやすい、素晴らしい資産複利マシンを与えてくれたのである。パパ・パテルにはこの強みはなかったのだから、われわれは株式市場に関しては彼の一歩先を行っているのである。秘訣は、強力なダンドーフレームワークを利用してのみ株式市場に参加することだ。

3.

われわれがビジネス全体を売買するときには両サイドともそのビジネスの資産価値をよくつかんでおり、通常は合理的な価格に落ち着く。このタイプの取引では、ビジネスや業界が行き詰まっているときにはパパ・パテルがそうだったように、買い手が格安でビジネスを手に入れることもできるかもしれないが、それは例外的なアノマリーである。通常、売り手は自分が得をするように売るタイミングを選べるものである。その結果、買い手は適正価格と高価格の間に落ち着くのである。

株式市場は競馬のパリミューチュエル方式と同じで、価格はオークション方式で決まる。競馬と同様、オークションのプロセスは、銘柄の価値と取引相場価格の間に大きな差を生じさせることがたまにある。オッズがわれわれに有利に展開しているときにだけ、たまに賭ければ非常に良い結果が得られるのである。チャーリー・マンガーによると──。

考えてみれば、パリミューチュエル方式は市場そのものだ。みんながそこに賭けに出かけていき、どれだけ賭けられたかによってオッズが変わる。株式市場で起きている現象も同じだ。[2]

チャーリー・マンガー

4. ビジネス全体を購入するには、それが近所のガソリンスタンドやコインランドリーであっても、まとまった資金が必要になる。株式市場ではあなたのサイフのなかのお金で、どんなビジネスの将来性に対しても大きな希望を抱くことができる。ほんの小さな資金でスタートし、年数をかけてその資金に追加していけるのは大きな強みである。

5. アメリカには公開企業が数千社あり、クリック数回でどの企業の株も購入することができる。そしてまた有り余るほどの外国の株も容易に購入することができるのである。筆者の推定では複数の証券口座を開けば、平均的な個人投資家は一〇〇万社を大幅に超える世界中のビジネスの株を簡単に購入することができるだろう。それとは対照的に、あなたの自宅から四〇キロ以内に常に売り出されている非公開企業がいくつ存在するだろうか。比較するまでもないのである。

6. 競馬では、競馬場のオーナーが賭け金のきっかり一七％を受け取る。フリクショナルコスト（取引コスト）が非常に高いのだ。どんなに小さい非公開企業を購入するときでも、売り手と買い手の間の取引コストは通常、購入価格の五～一〇％であり、これには投入された大量の時間とエネルギーは含まれていない。公開企業なら一〇ドル未満で持ち分を売ったり買ったりできるのだ。一〇万ドルのポートフォリオで、仮に精力的に年間五〇トレード行ったとしても、取引コストは〇・五％であり、ポートフォリオの価値が次第に上昇するにつれて取引コストのパーセンテージは減少するのである。大変低い取引コストは絶大な強みなのだ。

少数のビジネスの保有持ち分を所有することが、富を築く最良の道筋である。重労働の必要もなく、割安の銘柄を買うチャンスがあり、大変少ない資本で、大変広い選択権を与えられ、大変低い取引コストなのだから、少数の公開企業の株を購入するのが、単純明快なダンドー手法なのだ。

第7章

ダンドー102
――シンプルなビジネスに投資する

既存ビジネスの一部を購入する利点ははっきりしているが、購入する前に対象企業の本質価値を知る必要がある。それ以外に、その価格がお買い得なのかどうか分かるだろうか？　では、ビジネスの本質価値とは？　一般的な公式があるのだろうか？　どうやって計算すればよいのだろう？

どのビジネスにも本質価値があり、ひとつのシンプルな公式によって決定される。一九三八年に、ジョン・バー・ウィリアムズが『**投資価値理論**』[1]（パンローリング）のなかで初めてその定義づけを行っている。ウィリアムズによると、どんなビジネスの本質価値も、そのビジネスの残存期間に予想されるキャッシュインフロー（資金流入）とキャッシュアウトフロー（資金流出）を、適切な利子率によって割り引いて決定される。定義は驚くほどシンプルなのである。

例えば、二〇〇六年末に近所のガソリンスタンドが売りに出され、オーナーは五〇万ドルの売り出し価格を付けたとしよう。さらに、このガソリンスタンドは一〇年後には四〇万ドルで売れると想定する。この事業から得られるフリーキャッシュフローは、向こう一〇年間、年間一〇万ドルの予想である。ではその代替案として、年率換算で一〇％の投資収益率（年率リターン）を得ることができる低リスクの投資機会があったとする。ガソリンスタンドを購入するのと、確実に一〇％のリターンを得るのとどちらが得だろう？

筆者はこのキャッシュフローのＤＣＦ（現在価値）の計算をするのに、テキサスインスツルメンツのＢＡ－35計算機を利用した。代わりにエクセルを利用してもよい。**図表7－1**が示すように、ガソリンスタンドの本質価値は約七七万五〇〇〇ドルである。

われわれはこのガソリンスタンドを五〇万ドルで購入するので、本質価値の約三分の二の価格で購入することになる。利回りが一〇％の低リスク投資のＤＣＦ分析は、**図表7－2**のようになる。

当然のことながら、低リスクの代替案に投資した五〇万ドルの現在価値はそのまま五〇万ドルである。ガソリンスタンドへの投資は、期待されるキャッシュフローと売却価格がほぼ保証されていると仮定すれば、一〇％の利回りの債券に現金を投じるよりも有利な取引なのである。

図表7－1　ガソリンスタンドのDCF分析

年	フリーキャッシュフロー（ドル）	将来のキャッシュフロー（%）の現在価値（ドル）
2007	100,000	90,909
2008	100,000	82,645
2009	100,000	75,131
2010	100,000	68,301
2011	100,000	62,092
2012	100,000	56,447
2013	100,000	51,315
2014	100,000	46,650
2015	100,000	42,410
2016	100,000	38,554
2017	売却価格　400,000	154,217
合計		**774,701**

図表7－2　年率リターンが10%の低リスク投資のDCF分析

年	フリーキャッシュフロー（ドル）	将来のキャッシュフロー（%）の現在価値（ドル）
2007	50,000	45,454
2008	50,000	41,322
2009	50,000	37,566
2010	50,000	34,151
2011	50,000	31,046
2012	50,000	28,224
2013	50,000	25,658
2014	50,000	23,325
2015	50,000	21,205
2016	50,000	17,277
2017	投資利益　500,000	192,772
合計		**500,000**

株式市場は、数千企業の市場価格を提示してくれる。またわれわれにはこれらの企業の価値を計算する公式もある。簡単な話だ。ある企業の価格と本質価値の間に大きなギャップを発見し、そのギャップがわれわれにとって有利なら、行動に移してその銘柄を購入すればよいのである。それでは、ベッド・バス・アンド・ビヨンド（ＢＢＢＹ）という有名な小売業を例に取ってみよう。ここで白状するが、筆者がこの企業を分析するのは初めてである。しかしその店には過去に数回、訪れたことがあり、好印象を持っている。

本書を記している時点でのＢＢＢＹの市場価格は一株三六ドル、時価総額が一〇七億ドルである。ＢＢＢＹが一〇七億ドルで売り出されているのが分かる。それでは、ＢＢＢＹの本質価格はいくらだろうか？

ヤフーファイナンスのＢＢＢＹの統計をいくつか見てみよう。ＢＢＢＹの純利益は二〇〇五年二月二八日までの決算で五億五〇〇万ドルである。年間の設備投資は一億九一〇〇万ドルで、減価償却費は九九〇〇万ドルだった。ざっと計算した正味のフリーキャッシュフローは約四億八〇〇〇万ドルになる。

どうやらＢＢＢＹは、年間に収益が一五～二〇％、純利益が二五～三〇％で成長しているようだ。また、設備投資を二〇〇五年に増大させたようだ。ここで、フリーキャッシュフローが向こう三年間は三〇％、続く三年間が一五％、残りの期間が一〇％で増えると仮定しよう。さらに最終年に、このビジネスがフリーキャッシュフローの一〇～一五倍、プラス余剰資本の価

図表7－3　BBBYの強気のDCF分析

年	フリーキャッシュフロー（ドル）	将来のキャッシュフローの現在価値（ドル）
余剰キャッシュ		850
2006	523	475
2007	679	561
2008	883	663
2009	1016	693
2010	1168	725
2011	1343	758
2012	1478	758
2013	1625	758
2014	1787	758
2015	1967	758
2016	売却価格 29,500	11,373
合計		**19,130**

格で売却されたとする。現在、ＢＢＢＹは約八億五〇〇〇万のキャッシュを保有している（**図表7－3**参照）。

よって、ＢＢＢＹの本質価値は約一九〇億ドルであり、一〇七億ドルで購入することができるわけだ。これはかなり良い取引に見えるが、わたしの仮説はかなり強気にも見える。これは取引の実行に何の問題もなく、消費者行動にも変化が起きず、その後の数年間の収益やキャッシュフローをかなりドラマチックに増やす能力を有しているのだと想定しているのである。では、より保守的な仮説を立てたらどうなるだろうか。どんな仮説の計算もできるのである。ＢＢＢＹは二〇〇六年二月二八日までの営業年度のデータはいまだ公表していないが、二〇〇五

図表7－4　BBBYの保守的なDCF分析

年	フリーキャッシュフロー（ドル）	将来のキャッシュフローの現在価値（ドル）
余剰キャッシュ		850
2006	469	426
2007	535	442
2008	604	454
2009	680	464
2010	751	466
2011	827	467
2012	901	462
2013	973	454
2014	1041	442
2015	1103	425
2016	売却価格 11,030	4,252
合計		**9,604**

年一一月までの九カ月間のデータはある。二〇〇五年一一月と二〇〇四年一一月のデータを比較することもできる。二〇〇四年一一月と二〇〇五年一一月を比較すると、九カ月間の収益は、三七億ドルから四一億ドルに増えている。そして、最終的な利益は三億二四〇万ドルから三億七五〇万ドルに増えている。どうやら売上高は年間一〇％の成長にとどまり、純利益は一五～一六％で成長しているようだ。仮に純利益の成長率が年間一％ずつ下落して、一五％から五％に落ち最終的な売却価格が二〇一五年のキャッシュフローの一〇倍だと仮定すると、ＢＢＢＹの本質価値は**図表７－４**のようになる。

このシナリオでは本質価値は九六億ドルである。ＢＢＢＹの時価総額は一〇七億ドルだ。この投資を行ったとすると、年率リターンは、一〇％を少し下回ることになる。もし一〇％が得られる低リスクの代替案があるのなら、ＢＢＢＹはけっして良い投資機会には見えない。では、ＢＢＢＹの本当の本質価値はいくらなのだろうか？　筆者の見積もりでは八〇億～一八〇億ドルの間である。そしてこの計算には、本質価値をさらに下げる可能性があるオプションの付与による株価の希薄化は想定に入れていないのだ。

現在の値札が約一一〇億ドルで、本質価値が八〇～一八〇億ドルなら、筆者ならこの投資機会に特に熱心にはならないだろう。さほどのメリットもない代わりに、年率一〇％を下回る可能性が高いのである。わたしにとっては軽くパスする案件だ。

少し横道にそれてしまったようだ。この練習問題の目的は、ＢＢＢＹ株に投資をするかどうかを見極めることではなく、ジョン・バー・ウィリアムズの本質価値の定義は非常にシンプルではあるが、特定のビジネスの計算となるとそれほど簡単ではないことを示したかったのである。筆者にとってＢＢＢＹは、かなり分かりやすいローテクで単純なビジネスだと理解している。しかしこのシンプルさでも、本質価値はかなり幅広い価格帯になるのだ。グーグルのようなビジネスになるとまた、相当複雑になる。グーグルは過去数年間で素晴らしい収益とキャッシュフローの成長を遂げている。その状態から将来を推定すれば、潜在的な本質価値に比べて大幅に割り引いて取引されているように見えるだろう。しかし、もしその成長率が次第に衰えるだけでなく、コア事業である検索ビジネスの独占がマイクロソフトやヤフーや新興企業によって脅かされたとしたら、見通しはかなり異なってくるのである。そのシナリオでは、グーグルの現在のバリュエーションは潜在的な本質価値を数倍も上回っているかもしれないのだ。

このようなジレンマに対応するダンドー手法は至ってシンプルである。シンプルなビジネスにだけ投資せよ、将来のキャッシュフローの保守的な見通しが簡単にはじき出せるものに、である。ではどんなビジネスがシンプルなのか？　さて、シンプルさの定義は人それぞれである。

パパ・パテルは非常に分かりやすいビジネスを購入した。モーテル事業は分析に必要な収益やキャッシュフロー、そして利益率の長期データを備えていたのである。そのデータをもとに、モーテルが将来的に生み出すキャッシュフローの大よその予測を立てるのはそれほど難しいことではなかった。パパ・パテルはまた、過去のデータやモーテルの状態に基づいて予測される修理や資本経費についてもよく把握していたのである。

シンプルさは非常に強力である。「細部を気にすると人生が浪費される……シンプルに、シンプルにせよ」と語ったソローはそのことを知っていた。アインシュタインも簡素化のパワーを認識し、それが彼にとって物理学のブレイクスルーのカギとなっている。彼は、知力の階段が「頭が良い、知性がある、優秀である、天才的だ、シンプルである」の順で昇っていくのだと認識していたのである。アインシュタインにとって、シンプルであることこそが知力の最高レベルだったのだ。ウォーレン・バフェットの投資スタイルはすべてシンプルである。アインシュタインやバフェットのように、シンプルさに固執する人こそが成功するのだ。$E=mc^2$の偉大さはそのシンプルさとエレガンスにある。

ダンドーのすべてがシンプルであり、シンプルさにそのパワーが隠されている。第15章で見ていくように、心理的な闘いがヒートアップするのは株を買った「あと」なのである。この巨大な力と闘う最も強力な武器は、非常にシンプルな論点に基づいた非常にシンプルなビジネスを購入することであり、かなりのお金を儲けながら大して損をせずに済むのだ。私は常に論点を書き出すことにしている。短い段落以上になるのなら、何か根本的な問題があるはずだ。表計算ソフトのエクセルを駆使して計算させる必要があるのなら、それはもう巨大な赤信号で、見送るべきだと強く案じているのである。

第8章

ダンドー201

――行き詰まった業界の行き詰まったビジネスに投資する

効率的市場仮説論者は、特定の公開企業の既知情報はすべて株価に反映されていると言う。よって、特定企業の本質価値を計算するために証券アナリストになっても、得るものは少ないと主張するのだ。しかも、フリクショナルコスト（取引コスト）を考慮すれば、株の銘柄選びはゼロサムゲームどころかマイナスサムゲームなのだと、彼らは信じているのである。以下は、彼らに対するバフェットの返答である。

●市場が常に効率的なら、わたしは道端のホームレスになり物ごいをしているだろう。[1]

●効率的だと人々が信じている市場に投資するのは、カードを見ても意味がないと教えられている相手とブリッジをするようなものだ。[2]
●何万人もの学生がビジネススクールで、考えても仕方がないと教わって卒業してくるのは、わたしにとっては有利に働いた。[3]
●現在のファイナンスの講義では平均的な成績しか出せない。[4]

バフェットが優良株を選別するチェリーピッキングを行って五六年になるが、スタートしてから現在までに彼が築き上げた財産は四〇〇億ドルを超えている。それでも筆者は効率的市場仮説論者にはおおむね同意しているのだ。株価はほとんどの場合、潜在的なファンダメンタルズを確かに反映しているのである。ほとんどの企業の場合、株価と潜在的な本質価値の差異を分析しようとするのは時間の無駄なことが多い。市場はおおむね効率的である。しかし、おおむねであるのと完全なのとは雲泥の差なのである。そしてこの決定的なギャップこそが、バフェットがホームレスではない理由でもある。

バフェットが一九八八年にバークシャー・ハサウェイの株主たちに送った手紙には、効率的市場仮説論者について素晴らしいことが書かれている。[5] 読者には一読を強くお勧めする。株主あての手紙はすべてバークシャー・ハサウェイのウエブサイトにアーカイブされているが、どれも知恵の宝庫なのである。

（学者やウォール街のプロは）市場は効率的である場合が多いのだと正確に観察すると、次に、市場が常に効率的だと誤った結論を出したのである。しかしこの二つの仮説は月とスッポンほど違うのである。[6]

ウォーレン・バフェット

市場が完全には効率的でないのは、オークション志向の価格決定メカニズムを人間がコントロールしているからである。人間は極端な恐怖心と強欲の間で揺れ動きやすいのである。人間が集団として非常に恐れているときには、潜在的な資産の値付けは本質価値を下回る可能性があり、強欲によって値付けは活況を呈する可能性がある。

事業主が自分のビジネスの将来性について非常に悲観的で自信が持てなくなり売却を覚悟した場合、実際に取引が完結するまでは何カ月もかかるかもしれない。その間に彼の悲観論の原因となっていた状況が消滅するか、合理的思考が時間とともに優勢になる可能性のほうが高い。しかし株式市場の場合では、個人投資家が同様の悲観的な精神状態のときには数分でポジションすべてを処分する可能性が高い。それ故に、株価は潜在的な本質価値よりも大きな幅で動くのである。人間心理は事業全体を売却するときよりも、株式市場において事業の一部を売買するときのほうが大きく影響するのだ。

ミスターマーケットはグレアムの創造物だが、株式市場を住み家としながら、とても精力的で気まぐれな性格をしている。[7] 彼は数千社に及ぶ企業の、それぞれのごく一部を秒単位で売買しているのだ。ミスターマーケットの売買価格は潜在ビジネスの本質価値に基づいているのではなくて、そのときの彼のムードに基づいている。ムードの変化は価格変化に即座に反映されるのである。

ミスターマーケットのパリミューチュエル方式による価格設定は、事業全体を売却する際の価格決定方法とはまったく違っている。矢継ぎ早に取引されている何千という銘柄のなかには懸念材料を伴うものもあるだろう。それが大きな不安につながり、それらの銘柄が大規模に売却されることもあるのだ。しかし株を売るときには、反対側には買い手が存在しなければならない。そして買い手はあなたと同じ懸念材料を見ているのだ。このような場合に売買が成立するのは、投げ売り価格でしかあり得ないのである。

パパ・パテル、マニラル、そしてミッタルは全員、行き詰まったビジネスの買い取りに固執しながら富を築いてきた。九・一一直後のモーテル業界や倒産が多発した一九八〇～九〇年代の製鉄業界など、業界全体が大きな被害を受けたときに大金を稼いだケースがほとんどである。われわれが彼らに比べて有利なのは、活動の場がずっと広い点だ。株価が一日中、動く銘柄は無数にある。まず候補企業のなかから、われわれが十分に理解し、なおかつ、行き詰まっている企業に絞るだけでよいのだ。

ではどうやって行き詰まった企業や業界のリストを手に入れるのか？　情報源は多数あるが、

手始めに以下の六つを紹介しよう。

1. ビジネスニュースの見出しを毎日見ていれば、公開企業のニュースを十分すぎるほど目にするだろう。それらの見出しの多くが特定企業や業界の不安材料を反映しているものだ。例えば、デニス・コズロウスキのスキャンダルが一面を飾ったときにはタイコの株価が暴落したし、マーサ・スチュワートの実刑判決は彼女の会社の株価をぶちのめした。もっと最近では、全米最大の税務申告代行会社H＆Rブロックとニューヨーク州司法長官スピッツァーの起訴事件が、同社の株価を大幅に下落させている。以上はすべてヘッドラインを飾ったニュースである。

2. バリューラインは、直近一三週で下落幅が最も大きかった株価の週間サマリーを発行している。これもまた、行き詰まりの度合いを測るにはもってこいの指標である。四〇銘柄のリストは、その期間中に株価が二〇～七〇％急落した銘柄を常に掲載している。最も急落した銘柄が最も行き詰まっている可能性が高いことになる。また、株価収益率（ＰＥＲ）が最も低い銘柄や、簿価と比較して大幅に下落した銘柄、配当率が最も高い銘柄などの週間サマリーも掲載している。掲載されている企業がすべて行き詰まっているとは限らないが、ＰＥＲが三倍の企業は詳しく調べる価値がある。

3. ポートフォリオ・レポート（http://www.portfolioreports.com）は月刊誌である。このレポートはバリューマネジャーのトップ八〇人が購入した直近の一〇銘柄をリストアップしている。この情報は、機関投資家が法律で定められた方法で行う、ファイリング資料から収集している。ポートフォリオ・レポートは、投資会社ボウポストのセス・A・クラーマンやガイコのルー・シンプソン、サード・アベニューのマーティー・ウイットマン、ガンディル・グループのピーター・カンディル、プライベート・キャピタル・マネジメントのブルース・シャーマン、そしてウォーレン・バフェットなどの、著名人の買いパターンを掲載している。これらのマネジャーは行き詰まりの状況にだけ的を絞っているわけではないが、バリューを重視しているのは間違いない。行き詰まりの状況はバリュー投資の一部なので、彼らが行う投資の一部は行き詰まりのカテゴリーに属しているのである。

4. ポートフォリオ・レポートの購読料を払いたくないのなら、類似情報の多くは、機関投資家が義務付けられているファイリング資料（例、SECフォーム13－F）から直接、収集することができる。これらの資料はEDGAR（http://access.edgar-online.com）システムでアクセス可能である。別の手段としては、http://www.nasdaq.com/が多くのデータを簡潔にまとめている。必要なデータを入手するにはナスダックのホームページのメーンページで、バリュー投資家が保有しているとあなたが思う銘柄のティッカーシンボルを任意に入力すればよいのだ。サード・アベニューのマーティー・ウイットマンがテジョン・ランチ（TRC）を長い間保有していることは知っているので、まずTRCと入力してから、InfoQuotesをクリック、次に、「持ち株・内部者（Holdings/Insiders）」をクリックしてから、「全保有者数（Total Number of Holders）」をクリック。そして、「サード・アベニュー・マネジメント（Third Aveneue Management）」をクリックすれば、サード・アベニューが保有する実質的にすべてのアメリカ株のリストを入手することができるのである。あなたが必要な銘柄名はグーグルで得られるだろう。例えば、検索ボックスに、ロングリーフ13Fと入力すれば、この企業の保有銘柄のリンク情報がいくつも得られる。ナスダックに上場するどの銘柄からも、その企業が保有するアメリカ株のデータをすべて引き出すことができるのだ。

5. バリュー・インベスターズ・クラブ（www.valueinvestorsclub.com）をのぞいてみてほしい。これは、ゴッサム・キャピタルのジョエル・グリーンブラットが立ち上げて管理している素晴らしいサイトである。グリーンブラットは、過去二〇年間で借り入れによるレバレッジを掛けていない投資家のなかで、複利計算の年率リターンが四〇％という最高の監査済み実績の保持者かもしれない。グリーンブラットや彼のダンドーアプローチについては本書の後半で詳しく説明する。バリュー・インベスターズ・クラブのメンバーは約二五〇人だが、彼らは会員として承認されるために、良い投資アイデアを提供しなければならない。各メンバーは、年に最低二つのアイデアを提示する必要がある。アイデアはほかの会員に評価されるので、どの質もしっかりしたものばかりである。会員がいいかげんなアイデアを提示すれば、彼あるいは彼女は会員の資格を失う可能性があるのだ。そして毎週、ベストアイデア（ＶＩＣのマネジメントが判断する）には五〇〇〇ドルが与えられている。会員になる最大のメリットは即時情報にアクセスできることだ。しかし、ゲストとしてなら、同じ内容の資料に二カ月遅れでアクセスできる。ＶＩＣの情報から行き詰まった企業を調べる価値は大きい。最も高い評価を得たアイデアから始めて、徐々にほかのアイデアを調べればよいだろう。

6．最後に大事なことを言い忘れたが、ジョエル・グリーンブラットの『**株デビューする前に知っておくべき「魔法の公式」**』（パンローリング）をぜひ読んでほしい。そして読み終わったら、http://www.magicformulainvesting.com のサイトを訪れること。ポートフォリオ・レポートやＶＩＣ同様、マジックフォーミュラのサイトに掲載されている銘柄すべてが行き詰まっている企業ではないが、かなりの数がそうである。魔法の公式については本書の後半で詳しく述べる。

以上のソースを調べれば、分析すべき行き詰まった企業の候補は十分すぎるほどあるだろう。しかし、これらの企業をすべて理解することなどできるだろうか？　いや、その必要はないのだ。まず、シンプルではない企業や、われわれの基準から明らかにはずれる企業を除外するところから始めればよいのである。残されたのは、一握りのシンプルで十分に理解されている行き詰まった企業なのである。そして、この選ばれたグループに残りのダンドーフレームワークを適用する準備が整ったのだ。

第9章

ダンドー202
——丈夫で長持ちする堀を備えたビジネスに投資する

理髪店の裁定取引の例で見たように、われわれの理髪店は初めは町で唯一の理髪店だった。よって彼は隣接する町の理髪店よりも大幅に高い料金を設定することができるようになり、それ故に平均以上の利益を上げることができたのである。資本主義は欲によって突き動かされているので、ほかの町の理髪店が町Cの素晴らしいチャンスを耳にした途端に、新しい理髪店を開業しようと押しかけてくる。そして時とともに、町Cのカット料金は町Aや町Bと大差がなくなるのである。

資本主義者は大きな利益を上げるためなら、どんなチャンスでも生かそうとするものだ。しかし、皮肉なのはその努力の結果、大きな利益を得るチャンスをすべて壊してしまうことが多い。ただし、たまに大きな利益を持続させるような秘密のソースを持ち合わせたビジネスが姿を現すのである。筆者のお気に入りのレストランのひとつ、チポトレを例に取ってみよう。このレストランは、いつ行っても入り口まで長い列ができている。この長い列や、南カリフォルニア在住の筆者にとってメキシコ料理のレストランがほかにも多数、存在しているにもかかわらず、チポトレにこだわり続ける理由は何か？　それは、新鮮で高品質な材料、おいしいメニュー、雰囲気、そして自分の好みの材料と量を的確に選べるからである。

この町のほかのメキシコ料理やファストフードのオーナーたちはチポトレ現象を十分に認識している。彼らにとっては不愉快だし、どうにかしたいのだが、そう簡単にはいかないのである。チポトレを模倣するのは非常に苦しい戦いなのだ。もちろん挑む者も少なくないだろうし、やがていくつかは成功するかもしれない。しかし当面の間、チポトレは繁盛し続けるだろう。この市場にほかのプレーヤーが参入しても、チポトレ以外のレストランから顧客を奪う可能性のほうが高いのである。

開店からわずか一三年だが、チポトレは最近、五〇〇店目を開いた。現在の一〇倍以上の規模に拡大するのは容易だろうし、海外展開の見込みが大きいのは言うまでもない。チポトレには丈夫な堀があるのだ。そしてこの長持ちする丈夫な堀のおかげで、筆者のような顧客が待たされるのを覚悟で通い続けるのである。堀があることによって、チポトレは平均以上の利益を上げられるのだ。筆者が見たところではチポトレの利益は少なくとも一〇年かそこらは維持されるだろう。

われわれの周りには、深い堀を備えた企業がたくさんある。アメリカン・エキスプレス、コカ・コーラ、H&R、ブロック、シティーグループ、BMW、ハーレーダビッドソン、WD－40、ナビスコ、オレオクッキー、リストに終わりはない。そして、堀が浅いかほとんど存在しない企業もたくさんある。デルタ航空、GM、クーパータイヤ、ブリタニカ百科事典、ゲートウェイコンピューターなどである。

堀が隠されている企業もある。テソロ・コーポレーションのようなケースだ。この企業は汎用品である石油精製ビジネスに従事している。テソロは主原料である原油価格をコントロールできないし、主製品であるガソリン価格をコントロールしているわけでもない。しかしそれでも、しっかりとした堀を備えているのだ。テソロの精製所は主に、アメリカ西海岸とハワイにある。西海岸の精製事業は良い堀に囲まれた良い商売である。アメリカでは過去二〇年間に精製所が一つも建造されていないのだ。同期間中、精製所の数は二二〇から一五〇に落ち込み、その一方で石油需要は年間約二％上昇したのである。アメリカの平均的な石油精製所の稼働率は九〇％を大幅に超えているのだ。生産設備がとにかく不足しているために、需要が急増するときには精製マージンも急増するのである。

また、カリフォルニアとハワイの環境保護局の規制が非常に厳しく、特殊な精製剤が必要になることが、西海岸の精製所にとって良い堀になっている。西海岸やハワイで行う精製業は、アメリカのその他の地域よりも利益が高いのだ。テキサスの精製業者はカリフォルニアの市場に簡単には対応できないのである。カリフォルニア市場にサービスを提供するのは通常はカリフォルニアの精製業者なので、テソロの精製所がカリフォルニアにあるというのは、当該企業が非常に大きな専属市場を有していることを意味している。ビジネスの圧倒的多数は、堀がほとんど隠れているか部分的にしか見えないのである。堀にたどり着くにはしっかりと調べる必要があるのだ。

では、そのビジネスに堀が隠されているのかどうか、またその堀が何なのかを知る方法は？その答えは通常は財務諸表を見れば分かるのである。良い堀を備えた良いビジネスは、例えばわれらの理髪店のようにだが、投下資本に対して高いリターンを生み出している。そして、貸借対照表はそのビジネスに投下された資本の規模を教えてくれる。損益計算書とキャッシュフロー計算書は、そのビジネスが投下した資本からどれだけの利益を得ているかを教えてくれる。例えば、チポトレ店を開店するのに七〇万ドルかかり、年間二五万ドルのフリーキャッシュフローを生み出していれば、これはもう最高のビジネスなのである。そのキャッシュフローを利用して、三年ごとに新しい店を開店することもできる。さらに、フランチャイズを始めれば投下資本に対するリターンは指数関数的に伸びるだろう。

有史以来、王たるものは厳重に要塞化された城の周りに、できるだけ深くて広い堀を作ろうとしてきた。それと同時に侵略者たちは攻撃の勢いを緩めることなく、常に武器や技術や軍隊を改良しては戦利品である城を手に入れようとしたのである。そして、城の要塞がいかに厳重で防御が万全で、堀が深くて広くて、多くのサメやピラニアがいようとも、最終的には侵略者の手に落ちるのが自然界の法則なのである。有史以来、いかなる優れた文明や王国も、やがて没落していったのである。

先述したように、狭いかあるいはほとんど堀がないと言ってよい企業、デルタ、ゲートウェイ、GMなどはいずれも圧倒的な堀を備えていた時期があった。しかし、防御万全の城がいずれは敵の手に落ちたように、時と共に堀が風化していったのである。以下はチャーリー・マンガーの見解だ。

一九一一年にニューヨーク証券取引所に上場されていた最も重要な五〇銘柄のなかで、現在も事業展開しているのはGMただ一社である……いかに競争の破壊力が強いかが分かるだろう。非常に長期的に見れば、いかなるビジネスであってもそのオーナーが望むような形で存在し続ける確率が非常に低いのは歴史が証明しているのである。[1]

チャーリー・マンガー

永久になくならない堀など存在しない。eベイ、グーグル、マイクロソフト、トヨタ、アメリカン・エキスプレスのような、今日における向かうところ敵なしの企業であっても、いずれはすべて衰退して消えていくのだ。しかし、なかにはほかに比べて長持ちする堀もある。ウエルズ・ファーゴとアメリカン・エキスプレスは一五〇年以上も前に設立された企業だが、驚くべきことに両社の堀は今日でも頑強そのものである。余談だがさらに驚くのは、両社は同じ人物のヘンリー・ウエルズによって設立されているのである。

しかしジレンマはこうだ。一〇〇年前に銘柄選びを行ったとしても、この二つの企業を無数の企業のなかから選別するのは実質的に不可能だっただろう。あなたが選別したのが最高の優良株だったとしても、いずれ消えてなくなる確率が高いのである。

一九九七年に、アリーデ・グースが『企業生命力』[2]（日経BP）という素晴らしい本を記している。グースはあらゆる規模の企業の寿命を研究したのだが、彼が驚いたことにフォーチュン五〇〇企業の平均寿命はわずか四〇～五〇年なのである。非常に成功した企業が創業からフォーチュン五〇〇に名を連ねるまで、約二五～三〇年はかかるのである。リストに掲載されてから、それらの多くの優良企業が存在しなくなるまで、一般的には二〇年未満であることをグースは発見したのである。平均的なフォーチュン五〇〇企業は、リストに名を連ねるころにはすでに最盛期を過ぎているのだ。

丈夫な堀を備えた企業も永久に存続するわけではない。よって、ジョン・バー・ウィリアムズの本質価値の方式を利用するときには、その企業が成長する期待年数を絞る必要があるだろう。ディスカウンテッド・キャッシュフローを一〇年を超えた期間で計算したり、一〇年目の売却額がその時点のキャッシュフローの一五倍以上（プラス、余剰資金）になるとはけっして期待しないほうがよいのである。

第10章

ダンドー301——厳選した少数に賭ける、大きく賭ける、たまに賭ける

さてここで、一ドルの賭けに対して以下のオッズを提示されたとしよう。

二一ドル勝つ確率　八〇％
七ドル五〇セント勝つ確率　一〇％
すべて失う確率　一〇％

さらに、読者には一万ドルの手持ち資金があり、好きなだけそのお金を賭けてもよいことに

する。一度だけこのゲームをするときに、一万ドルのうちいくら賭けてもよいのだろうか。その答えは明らかに一万ドルではないだろう。なぜなら文無しになる確率が一〇％は確実にあるからだ。しかし一ドルでは保守的すぎる。これでは変化は起きないのである。

しかし朗報なのは、ちょうど五〇年前にニュージャージ州のベル研究所に勤務する研究員であるジョン・L・ケリー・ジュニアがこの問いについての研究結果を発表しているのである。現在では「ケリーの公式」として知られる方法を、彼は導き出したのだ。ケリーの計算によると、見込みのある賭けに、あなたの手持ち資金の何割を賭けるのが最適なのかは……。

エッジ（儲け）÷オッズ（賭けの見込み）＝手持ち資金のうち各賭けに賭けるべき％

ウィリアム・パウンドストーンが著した『天才数学者はこう賭ける』[1]（青土社）は素晴らしい本なので、読む価値は非常に高い。パウンドストーンはケリーの公式を見事に解説しているのだ。資産運用会社のレッグ・メイソンのマイケル・モーブッシンが最近、ケリーの公式についてレポートを記しているが[2]、そのなかで彼は次の例を挙げている。コインを投げて、表なら二ドルをもらえるが、裏なら一ドルを失う賭けだとする。このようなオッズのときに手持ち資金のうちいくら賭けるべきなのだろう？

ケリーの公式によると、エッジは〇・五〇ドル（〇・五×二ドル）＋（〇・五×－一ドル）。

オッズは、もしあなたが勝てばもらえる額、つまり二ドル。よってケリーの公式では毎回、二五％（〇・五〇ドル÷二ドル）賭けるべきだと提示している。さて、最初の例では、エッジは一七・四五ドル［（〇・八×二一ドル）＋（〇・一×七・五〇ドル）＋（〇・一×一一ドル）］であり、オッズは勝ちの上限、つまり二一ドルである。計算すると、一七・四五ドル÷二一ドルなので、あなたの手持ち資金一万ドルの約八三％、つまり八三〇〇ドルに相当する。

おそらく、パパ・パテルはケリーの公式など聞いたこともなかっただろう。第1章でわれわれは、パパ・パテルが最初のモーテルに五〇〇〇ドルを投資したとき、彼が有り金のほとんどすべてを投じたのを見てきた。先述した例のオッズは、パパ・パテルがオファーされたオッズと大雑把には同じであり、二一バガー（倍）の確率が八〇％、七・五バガーが一〇％、そして無一文になる確率が一〇％である。しかし実際には、パパ・パテルが行った賭けはケリーの公式が示したものよりも保守的だった。彼は手持ち資金の五〇％を投資していたのである。確かに手持ちは五〇〇〇ドルで「全賭け」だった。しかし、彼には振り出しに戻って就職して五〇〇〇ドルを貯めて、数年後に再チャレンジすることもできるという、とっておきの切り札があったのである。もちろん、これは永久に繰り返しできることではない。なぜならそのときには年も取っているし、度重なる苦い経験から躊躇するようになるかもしれないからである。ダンドーが彼の精神に深く浸透しているために、彼には二通りの賭け方があった。最初の賭けで手持ち資金の五〇％をリスクにさらす。それがうまくいけば、二度目の賭けはしない。失敗したときに、二度目の賭けをするのだ。

最初の賭けに勝つことで、彼を取り巻く環境も変化する。もう彼の家族はモーテルに住み込んではいない。人を雇い、もっと大きいモーテルを購入できるようになったのだ。次のモーテルを購入するときには（二度目の賭け）、オッズは以前ほどは良くないので、手持ち資金から投入する割合も以前より少なくなる。仮に二〇〇%のリターンを得るオッズが五〇%の確率で、全損のオッズが五〇%だとしても、ケリーの公式は、彼が手持ち資金の二五%を賭けるべきだと示しているのである。

しかし、モーテル業界のオッズは歴史的に見て、前述したものをはるかにしのいでいるのだ。損する確率は二五%を大きく下回り、一〇〇%の全損は五%を大きく下回っていただろう。パテルたちが、二度目、三度目、そしてn度目の賭けをしたときには、このよだれの出そうなオッズに手持ち資金の大部分を投じることにためらいはなかった。彼らはケリーの名前も公式も知らなかったが、ダンドー的には完全に筋が通っていたのである。その結果、パテルはグループとして今日、モーテル資産が四〇〇億ドルを超えており、年間七億二五〇〇万ドルの税金を納め、一〇〇万人近い従業員を雇用しているのだ。南カリフォルニア大学（USC）マーシャル・スクール・オブ・ビジネスで、チャーリー・マンガーがスピーチのなかで述べているのは――。

> 賢い者は、これぞというチャンスに巡り合ったときに大きく賭ける。勝算があるときに大きな賭けをするのである。それ以外のときは賭けない。単純なことなのだ。[3]
>
> チャーリー・マンガー

パパ・パテル、マニラル、ミッタル、私もそうだが、少ない機会に絞って賭けることに固執してきた。しかし賭けるときの額はかなり大きいのである。彼らは皆、有利なオッズのときに賭けようとしてきたのだ。賭けに関するこの共通認識は偶然ではない。賢いアセットアロケーターになるには、確率的に考える必要があるのだ。そして、完全に確率に基づく最も明白なビジネスモデルはカジノだ。ブラックジャック通なら、カードが配られるたびにオッズが変わることを知っているだろう。彼らは勝算があるかどうかを常に見極めながら、賭け金を上げているのだ。

今日、カジノでブラックジャックをプレーするときには全体的な勝算はハウスにあるので、カジノでブラックジャックをプレーしても勝ち目はない（白状すると、それでも筆者はやめたわけではない）。しかし常に勝ち目がなかったわけではないのだ。一九六〇年代にＭＩＴの数学科の教授だったエド・ソープがＭＩＴのコンピューターを使ってさまざまな計算を行い、ブラックジャックのプレーの仕方を最適化したのである。ソープはこの最適化された戦略を基本戦略と名づけた。彼はベストセラー**『ディーラーをやっつけろ！』**[4]（パンローリング）を執筆したが、この本は今日においても古典であり、世界中のブラックジャックプレーヤーがプレーを最適化するために、彼の基本戦略に頼っているのである。

一九六〇年代のカジノはカード一組を使うシングルデッキのブラックジャックを提供しており、デッキ全体を配っていた。配られたカードを数え、デッキに残されているカードに基づいてベットを決めているプレーヤーは、カジノに対して強み（エッジ）を持つという計算をソープははじき出したのである。彼は、オッズがどれくらい有利かによって、手持ち資金の何割をベットするべきかをケリーの公式を用いながら計算したのだ。例えば、残りデッキに一〇点やエースが多く残されている場合にはプレーヤーにとって有利なのである。オッズが五二対四八でプレーヤーに有利なときには、ケリーの公式に従ってプレーヤーが手持ち資金の四％をベットする。ソープはすべての手をこの方法で攻略しようと心がけたのだ。

ソープにとって、これは学問的な関心ではなかった。彼はネバダ州のカジノに足繁く通い、大儲けしたのであった。カジノ側には、ソープが常に勝ち続ける理由が分からなかったのだが、マフィアがカジノを経営していたのだから分かろうともしなかったのである。あっさりとソープを出口までご案内すると、再び足を運ぶようなことがあればそのときには礼儀は守れないと、はっきりと行動で示したのである。

ソープが『**ディーラーをやっつけろ！**』[5]を出版すると、世界中のプレーヤーが大儲けをし始めた。カジノのオーナーもこの本を読み、ゲームのルールを変更し始めたのである。過去四〇年間に、このゲームは数多くの変貌を遂げてきた。カジノがルール変更をするたびに、新しいシステムに勝つ方法をどこかの賢いギャンブラーが見つけだし、カジノもそれに対応して次の変更を行うのである。今日ではほとんどのカジノが六～八組のカードを用いている。ディーラーはデッキすべてを使い切るのではなく、フロアマネジャーたちが厳重にプレーを見張っているのだ。カジノのなかには、配り終わったカードを機械が自動的にシャッフルしてリサイクルすることで、カードプールに特定のカードが偏らないようにしているところもある。

ソープは変化した現実についてじっくりと考えると（煩わしい脅迫についても）、以下のようなカジノで自分の才能を生かしたほうがずっと稼げると判断したのである。

テーブルリミット（賭け金のリミット）がないところ
提示されるオッズがはるかに良いところ
ハウスが大損しても礼儀を守るところ
マフィアが経営していないカジノ

ソープは、そのようなカジノが確かに存在することを発見したのだが、それはＮＹＳＥ（ニューヨーク証券取引所）と新興のオプション市場だったのだ。ソープがブラックとショールズよりもはるか前に、ブラック・ショールズの公式に類似した公式を編み出したのだともっぱらの噂だが、彼はその発見を出版していなかったのである。ブラック・ショールズ式とは事実上、オプション市場における基本戦略といえる。この公式は、特定のオプションの価格を算定するのである。ソープはこの知識を有する数少ないプレーヤーだったために、割安のオプションを買い、割高で売ることができるようになり、その過程で大金を儲けることができたのである。

　ソープは、プリンストン・ニューポート・パートナーズというヘッジファンドを設立した。そしてソープは二〇年間にわたり、彼の投資家に対して大変低いボラティリティーと、年率換算で二〇％の投資収益率（年率リターン）を提供し続けたのだ。彼のファンドに投資を検討していた俳優ポール・ニューマンがある日、ソープがブラックジャックを本業にしたらいくら稼げるのか質問したことがある。ソープは依然としてその巧みなカードさばきでカジノを負かす実力があったのだが、年間約三〇万ドルは稼げると答えたのである。ニューマンがではなぜそうしないのかと尋ねると、ソープは彼の顔を見ながら、カジノNYSEとオプション市場は年間六〇〇万ドルを超す稼ぎを微々たるリスクでもたらしてくれるのに、なぜ三〇万ドルを求めて生命を危険にさらす必要があるのだと答えたのだ。[6]

　投資の世界に確実な賭けなど存在しない。世界一の優良企業であっても、明日は廃業している可能性があるのだ。投資は、ちょうどブラックジャックと同じようにオッズがすべてなのである。そしてソープは、この概念を完全にマスターした人間として最も鮮明な例である。彼はラスベガスやウォール街で長年にわたり賭けをし続けてきたが、両方でたっぷりと儲けることで、本人と彼の投資家に巨大な富をもたらしたのである。投資家が株式市場に近づくときには、ソープがブラックジャックをプレーしたときと同じ心がけが必要である。オッズが圧倒的に有利なときに大きく賭けるのだ。

では、読者がダンドーフレームワークを取り入れて、シンプルなビジネスモデルを持つ既存の公開企業を見つけたとしよう。さらにその企業は一時的に行き詰まっており、株価が崩壊しているのである。この話の良いところは、当該企業が丈夫で長持ちする堀を備えた優良企業体だという点だ。この企業は、あなたが理解できる範囲内（サークル・オブ・コンピテンス）にしっかりと収まっているし、現在、および二～三年後の企業の本質価値も把握できているとする。そして、現在の株価は二～三年後に期待される本質価値の半分以下なのである。

それでは、あなたが選んだ銘柄が数年以内に本質価値に近づくとしたら、何がきっかけになるのだろうか？　この問題に強い関心を示したウィリアム・フルブライト上院議員は、アメリカ上院銀行通商委員会の公聴会のなかでも特に面白いやり取りのひとつである一九五五年の三月一一日の公聴会のなかで、ベンジャミン・グレアムに対して以下の質問をしている。

フルブライト　最後にひとつだけ質問をして終わりにする。あなたが格好のチャンスを見つけたとして、例えば三〇ドルの価値があるのに一〇ドルで購入することができるので、ポジションを取るのだが、ほかの大勢の人間がその株に三〇ドルの価値を見いだすまで売って利益

図表10－1　大事件後のダウ平均の暴落とその後のパフォーマンス

		ダウの暴落率	ダウの伸び率（%）		
			事件後の経過日数		
事件	**期間**	**下落率（%）**	**22日**	**63日**	**126日**
フランス陥落	1940/05/09～1940/06/22	−17.1	−0.5	8.4	7.0
朝鮮戦争	1950/06/23～1950/07/13	−12.0	9.1	15.3	19.2
カンボジア空爆（米）	1970/04/29～1970/05/26	−14.4	9.9	20.3	20.7
第１次オイルショック	1973/10/18～1973/12/05	−17.9	9.3	10.2	7.2
ニクソン辞任	1974/08/09～1974/08/29	−15.5	−7.9	−5.7	12.5
ハント兄弟の銀投機	1980/02/13～1980/03/27	−15.9	6.7	16.2	25.8
ブラックマンデー	1987/10/02～1987/10/19	−34.2	11.5	11.4	15.0
アジア通貨危機	1997/10/07～1997/10/27	−12.4	8.8	10.5	25.0
ロシアLTCM危機	1998/08/18～1998/10/08	−11.3	15.1	24.7	33.7
平均値		**−16.7**	**6.9**	**12.4**	**18.5**
中央地		**−15.5**	**9.1**	**11.4**	**19.2**

を得られないとすると、その状況をどうやって作り出すのかね。宣伝するとか、どうするのかな？　どのような経緯で割安銘柄は本来の価値に見合うようになるのかね？

グレアム　それが、われわれのビジネスのミステリーでもあり、皆さんと同じように私にとってもミステリーなのだ。しかしわれわれは経験的に、マーケットがいずれその銘柄の価値に追いつくことを知っている。[7]

九・一一や真珠湾攻撃のように世の中が混乱する事件が起きると、株価は短期的には非常に大きな影響を受けるが、徐々に値を元の水準に戻す傾向がある。**図表10－1**が、その疑いの余地のない例である。

図表10－1の九つの例はいずれも、その事件の数日から数週間後にダウが二桁台の下落を示して

いる。しかし、数カ月後のダウは完全にではないが下落分をほとんど回復しているのだ。企業特有のミクロな出来事、例えば頭痛薬のタイレノール事件やエクソンバルデズ号の原油流出事故、あるいは一九六〇年代のアメリカン・エキスプレスのサラダオイル事件なども、同じような軌跡をたどっている。いずれのケースも、パニックや恐怖に覆われた直後は瞬間的に大きく落ち込んだのだが、しばらくして合理性が勝利すると株価は合理的レベルに回復したのである。

同じように、仮にあなたがどんな割安・割高の企業に投資をしたとしても、いずれは本質価値に近づいた取引になるので適正な損益水準に収まるのである。この現象を投資の原則として信頼してよいだろう。よって、特定企業の本質価値を二～三年先まで算出し、本質価値に比べて大幅に割安の株価で購入できるのなら、利益はほぼ確実に得られるのである。そして賭ける金額については、ケリーの公式が有効なガイドになる。

アメリカン・エキスプレスとサラダオイル危機

オッズがあなたに非常に有利なときに大きく賭けるというのが、ウォーレン・バフェットやチャーリー・マンガーが常に支持してきたやり方である。バフェットは一九六三年に、彼が支配権も発言権も持たないアメリカン・エキスプレス（アメックス）一社に、バフェットパートナーシップの資産の四〇％を投資した。実質的に彼の流動純資産のすべてがバフェットパートナーシップに投じられていたので、バフェットは事実上、個人的な純資産の四〇%をアメックスに投じたことになる。その当時、バフェットパートナーシップは約一七五〇万ドルを管理していた。[8] よって約七〇〇万ドルがアメックスの株を購入する資金に当てられたのだが、アメックスの株価はバフェットが大量購入する直前に半値に下がっていたのである。

アメックスはサラダオイル事件の打撃を大きく受けていた。[9] 当該企業は、倉庫いっぱいの大樽入りのサラダオイルを担保にして六〇〇〇万ドル融資していた。ところが、大樽の中身はほとんど海水で、怪しげな借り手は破産していたのである。アメックスが六〇〇〇万ドルの損失を発表するや、株価は半値に急落した。当時の時価総額は約一億五〇〇〇万ドルだったので、六〇〇〇万ドルは導入仕立てのアメックスのバランスシート方式に大きな打撃を与えたのである。

バフェットは状況を冷静に分析し、アメックスのトラベラーズチェックやクレジットカードを支える信用力が揺るがないかぎり、この企業の本質価値は現在の価格をはるかに上回っていると結論づけたのである。実質的に値下がりの余地がなく、株価が大幅に上昇する余地しかないと考えたバフェットは、彼の人生で最も大きな賭けに出た。バフェットは事実上、自己資本の四〇%を、連日、ニュースのヘッドラインを悪材料が飾っているスキャンダルまみれの企業に賭けたのだ。では、この賭けのオッズはどれくらいだったのだろう？　そのオッズが分かれば、ケリーの公式を適用して彼の賭けが賢明だったのかどうかが分かるだろう。

その質問にバフェットが直接、答えたことはないと思うが、彼が自分のパートナーに一九六四〜六七年の間に送った手紙に、いくつかのヒントが隠されている。

われわれの論理的根拠と事実が正確であるという確率が極めて高いと同時に、投資対象の本質価値が変わる確率が非常に低い状況ならば、純資産の四〇％までを一つの証券に投資することもあるだろう。[10]しかし、四〇％までを投資するのは明らかに非常にまれなケースであり、またこの希少性こそが、そのようなチャンスを発見したときにわれわれが集中投資する必要がある理由なのである。わがパートナーシップが設立されてからの九年間で二五％を超えたのはおそらく五〜六ケースだけだろう。そしてどのケースでも非常に高いパフォーマンスが約束されなくてはならないのである。

……そしてまた、深刻で永久的な損失を受ける確率を最小限にするような優れた定性的および・または定量的な要素を有していなければならない……一つの投資対象に投資する上限を私が決定するときには、われわれのポートフォリオに対してその一つの対象企業が生み出すリターンがダウよりも一〇％以上、下回る確率をなるべく低くするように努めているのである。[11]

ウォーレン・バフェット

バフェットの言葉づかいに注目してほしい。彼は確実な賭けについて語っているのではない。どんな投資にも損失を出す可能性があるからだ。彼がこだわっているのはオッズであり、オッズが彼にとって非常に有利なときには迷わず集中投資をしたのである。アメックスの投資に対してバフェットは三年間で、投資リターンを三～四倍にしたのである。それでは、入手可能な事実を元にこの賭けの保守的なオッズが以下だと仮定しよう。

三年間で投資リターンが二〇〇％以上になる確率	九〇％
三年間でブレイクイーブン（損益ゼロ）になる確率	五％
三年間で損失が一〇％以下の確率	四％
全損になる確率	一％

よって先述したケースからは、三つ以上の結果が得られる。このような賭けのサイズを、ケリーの公式を利用して計算する方法を詳しく説明している論文は、http://www.cisiova.com/betsizing.asp[12]で読むことができる。このサイトはケリーの公式の一般例を示しているだけでなく、だれでも無料で利用可能なプログラムを作者が親切にも公開しているのだ。さらに興味がある読者は、エドワード・ソープの論文「ザ・ケリー・クライテリオン・イン・ブラックジャック・スポーツベッティング・アンド・ザ・ストックマーケット（The Kelly Criterion in Blackjack, Sports Betting, and the Stock Market）」を参照されたい。[13]

これらのオッズに基づくと、ケリーの公式はパートナーシップのファンド資産の九八・三％

を賭けるべきだと提示している。バフェットは提示された上限をはるかに下回った範囲にとどめており、残りの資産で非常に有利な賭けを、少数の投資対象に対して行っているのである。

以上の論理的な事実を踏まえると、平均的な投資信託が七七ポジションも保有しているのは驚くべきことだ。さらに重要なのは、彼らが保有する上位一〇社が資産の二五％にしか相当していないのである。そして、投資信託の三分の一以上が、それぞれ一〇〇を超すポジションを保有しているのだ[14]。どうりで、八〇％以上の投資信託が一貫してS&P五〇〇を下回っているわけである。そして、S&P五〇〇を三％以上、上回る長期的な年率パフォーマンスを提供する投資信託が二〇〇社に一社未満なのも当然なのかもしれない[15]。

ダンドーとは、「厳選した少数に賭ける、大きく賭ける、たまに賭ける」にほかならないのだが、ケリーの公式がこの仮説を裏づけているのである。このアプローチの仕方は、株式市場でパッシブ投資をするときに非常にうまく機能する。そして最後に、チャーリー・マンガーがよく言っているように、「逆に、常に逆にして考えてみる！」べきなのである。「むやみに賭ける、小さく賭ける、頻繁に賭ける」投資家の投資記録を調べてみると、その結果は予想どおり悲惨なのだ。以下は、ケリーの公式の重要なポイントである。

この公式は賭けの上限を提示してくれるので、賭け主が富のゴールに到達するまでの時間を最適化してくれるのだ。全損のオッズを上げることなく、そのゴールにこれ以上、早く導いてくれる方法はない。もしケリーの提案を上回る賭けをしたとすれば、賭けを繰り返すうちに、す

図表10－2　仮説に基づくケリーの公式の提案――８つの各賭けに手持ち資金の何％を賭けるか

有効な賭け	％
賭け１	80
賭け２	70
賭け３	60
賭け４	55
賭け５	45
賭け６	35
賭け７	30
賭け８	25
合計	**400**

べてを失うのはほぼ確実である。

ケリーの公式を利用すると、ボラティリティーが比較的に高くなるかもしれない。この公式は、富を最短で最大化するという一つの変数だけを最適化するのである。よって、ボラティリティーに関してはさっぱり分からないのである。ボラティリティーはケリーの公式による上限を下回るように賭けることで抑制できるが、これは資産配分の準最適化という犠牲を伴う。

ポートフォリオマネジメントのリアル世界では、投資マネジャーは同時に八つの無相関で有利な賭けを扱うこともあるだろう。あなたの手持ち資金の以下の割合を各ベットに賭けるよう、ケリーの公式が提案していたとする（**図表10－2**）。

しかし、マネジャーはレバレッジを掛けていないポートフォリオの一〇〇％までしか投資することができないので、彼または彼女が行う配分は**図表10－**

図表10－3　8つ同時に賭けるときに手持ち資金の何％を賭けるか

同時賭け	%
賭け1	20
賭け2	17
賭け3	15
賭け4	14
賭け5	11
賭け6	9
賭け7	8
賭け8	6
合計	**100**

3のとおりである。

これは、マンガーやバフェットがパートナーシップを運営していたときに行ったであろう配分にかなり似ているような気がする。また、ジョエル・グリーンブラットやエディー・ランパートが今日、行っている配分にも似ている。グリーンブラットの場合は通常、彼のアイデアのベスト五に資産の八〇％を常に投資している。**図表10－3**では、ベスト五の賭けの合計がポートフォリオの七七％を占めている。**図表10－3**の配分は、ボラティリティーの問題を解決するのに大いに役立っている。これらの賭けはケリーの公式の上限をはるかに下回っているのだ。無相関の度合いが強いので、潜在的なボラティリティーは大幅に緩和され、特に前年比で見るとその傾向が分かる。バフェットのパートナーシップは、ケリータイプの大きな投資を行っても前年度を下回ったことがないのだ。筆者が知るかぎり、グリーンブラットやランパートも同じである。三人とも常に厳選された少数に、大きく、たまに賭けており、ボラティリティーも高くならず、大きく儲けているのだ。

また忘れてはならないのは、われわれが計算する確率は外れる場合もある。特定の企業の将来的な展開を予想しながらオッズを計算しようとするとき、それはせいぜい近似値にすぎない。よって調整するために、保守的なオッズを割り当てるのである。八つの賭けはすべて有利なオッズかもしれないし、実際には賭け六のオッズのほうが賭け三よりも良いかもしれない。すべてのオッズは、われわれが理解していると思っている（サークル・オブ・コンピテンス）分野や、われわれ自身の世界観に基づいているのだから、間違いだって起きるのである。

筆者のパブライファンドのポートフォリオは、各賭けに対して単純に資産の一〇％ずつを割り当てることで調整している。これは準最適化だが、賭け六のほうが賭け二よりも良い賭けになる問題は解決してくれる。下のほうの三～四の賭けが、著者が最高だと思っていた賭けよりもパフォーマンスが良いケースは多々あるのだ。しかし全体としてみれば、一〇のポジションの結果はかなり満足がいくものになっている。資産の八〇％を五つの銘柄に投資するほどは良くはないが、集中投資であることには変わりない。それに、七～一〇のアイデアを合わせれば確かにポートフォリオの八〇％以上になるのだ。

投資はギャンブルと似ている。オッズが重要なのだ。割安のベットチャンスを探して、オッズがあなたに非常に有利なときに大きく賭けるのが富への近道なのだ。要はケリーの公式に、それら大きな賭けの上限を決定させればよいのだ。また、株式市場においては有利な投資機会が多く存在するので、非常に集中的なポートフォリオを運用しながらも、ケリーの公式に付随するボラティリティーが自然に緩和されるのである。

第11章

ダンドー302
――裁定取引にこだわる

裁定取引はすべてのバリュー投資家の兵器のなかでも強力な概念であり、基本的なツールだ。裁定取引では実質的にリスクなしで、かなりのリターンを得ることができる。上昇率が限定的でも下落リスクを排除できるのはすごいことであり、裁定取引はまさにその効果を与えてくれるのだ。裁定取引の魅力は「コインの表なら勝ち、裏でもトントンか勝ち！」であることだ。裁定取引の形態はいろいろあるが、以下の四つを比較してみよう。

伝統的な商品先物の裁定取引

金がロンドンで一オンス六〇〇ドルで取引され、ニューヨークで六一〇ドルで取引されているときには、アービトラージャー（裁定取引者、通称アーブ）はロンドンで買った途端にニューヨークで売ることで一〇ドルのスプレッドを確保できる。売買が進むに従っていずれスプレッドは劇的に縮小するか、消滅する。

株価と相関する株式裁定取引

バークシャー・ハサウェイにはBRK・AとBRK・Bという二種類の銘柄が存在し、NYSE（ニューヨーク証券取引所）に上場されている。BRK・BはBRK・Aの三〇分の一の価格であり、一株当たりの議決権は二〇〇分の一である。つまり投資した同じ金額に対して議決権が六分の一未満なので、BRK・Bのほうがやや劣っていると言える。しかし、それ以外はこの二つの銘柄は実質的にそっくりである。また、バフェットや彼の親しい友人たちがBRK・Aの経営支配権を握るだけの持ち株を保有しているので、二つの銘柄の議決権の差は小さな問題なのだ。BRK・Aの株はいつでも持ち主の裁量でBRK・B株に転換することができるが、その逆はできない。

図表11－1　BRK.AとBRK.Bの株価の動き（2005/1/13～2006/4/12）

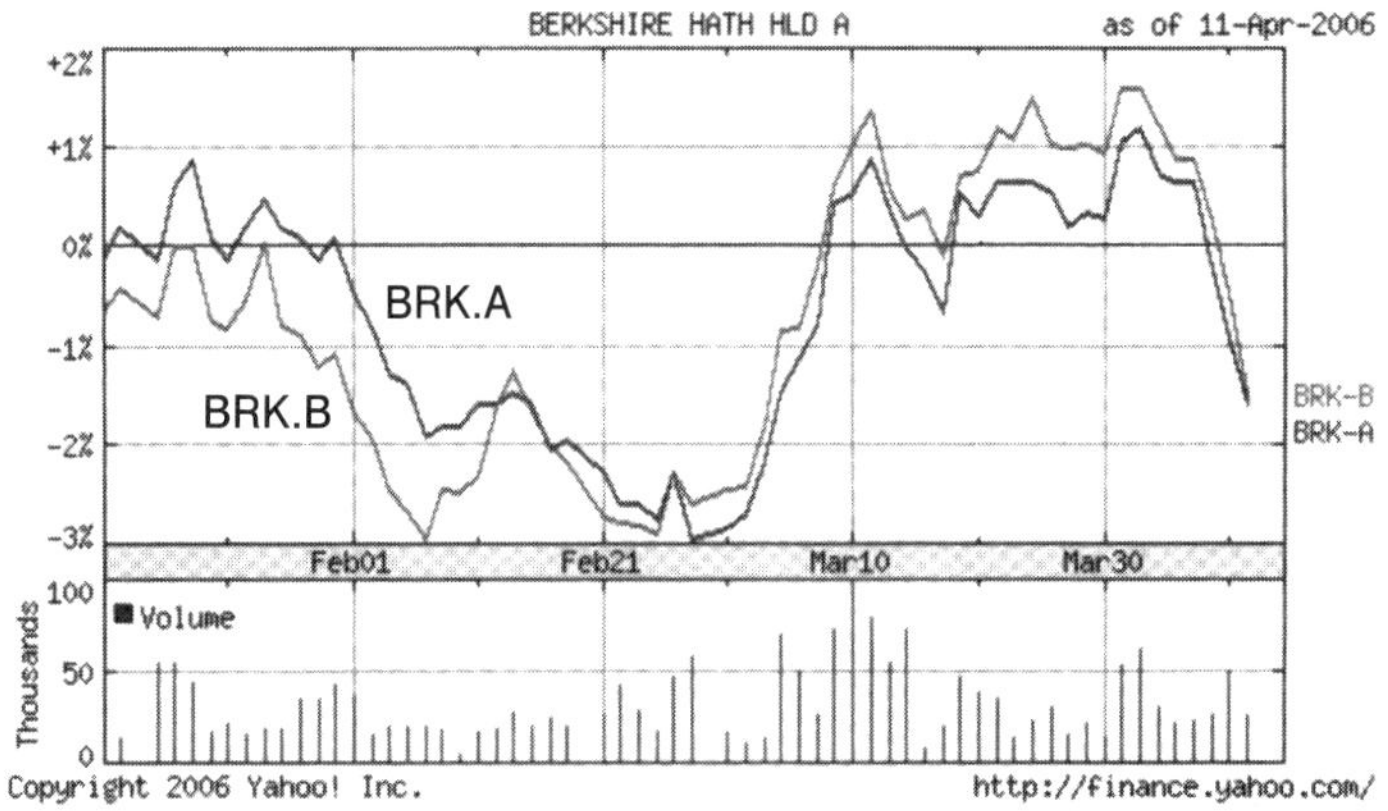

以上の事実に基づいて判断すると、両銘柄は互いに連動して動くはずである。あるいはBRK・Bはその不利な議決権内容と一方通行の転換権から、BRK・Bのほうがわずかに安いかもしれない。

しかし実際にはそうではない。**図表11－1**が示すように、過去三カ月の例ではBRK・Bが、BRK・Aに対しておおむね割安で数週間取引され、その後の数週間は割高で取引されている。日によっては一％の価格差もあった。フリクショナルコスト（取引コスト）が極小だとすれば、アービトラージャーはそのスプレッドを確保しようと試みてよいだろう。

これらの裁定取引はさまざまな銘柄に見られる。子会社が持ち株会社から独立して上場している場合でも、持ち株会社の株が子会社の株の総和よりも割安で取引されることがある。また、同じ銘柄でも取引所によって株価が違う場合もある。クローズドエンド型ファンドは、原資産に比べて大幅に割安で取引されることがときどきある。以上はすべて裁定取引の候補である。

買収アービトラージ

公開企業Aは、公開企業Bを一株一五ドルで買収すると発表した。この発表前の企業Bの株価は一株一〇ドルだったが、発表直後に一四ドルに上昇した。もし投資家が、一株一四ドルで株Bを購入して買収取引が成立するまで株を持ち続けたとしたら、一ドルのスプレッドは数カ月後に相当な利益をもたらしてくれるだろう。しかし、この買収取引が成立しないリスクも常に存在するのだ。その場合は、Bの株価は一〇ドル（またはそれ以下）に下落するかもしれないのである。前述したほかの裁定取引の形式と違い、買収アービトラージはリスクフリーではない。リスクアービトラージと称されるゆえんである。

買収計画が発表された案件のうち、成立しなかったもの、政府の認可が下りなかったもの、株主に承認されなかったものなどの割合を詳細に記録した資料が存在する。対象ビジネスや買収アービトラージのダイナミックスについて理解しているのなら、取引が成立するオッズにハンディキャップをつけて、ベットするか（しないか）を判断すればよいのである。

ダンドーアービトラージ

実質的にすべての新規事業は、ダンドーアービトラージに携わっているようなものだ。この例は、第5章で紹介したとおりだ。われらの理髪師は町Cに理髪店を新設したことによって、隣りの理髪店との間に二七キロの裁定機会を有していた。しかし時間とともに、この二七キロの理髪店同士の距離は数ブロックに縮小され、裁定機会もほとんど消滅する。しかしその機会が存在する間、彼には超常的な利益がもたらされたのである。そして彼は、この利益を非常に小さいリスクで手に入れることができたのだ。低リスクと不確実性の高さが、この恵みを与えたのである。この理髪店は典型的なダンドーアービトラージャーだ。「コインの表なら勝ち、裏でも負けは小さい！」

起業家の圧倒的多数がリスクテーカーではない。彼らはダンドーアービトラージのプレーヤーなのだ。ダンドーアービトラージ的な起業家の旅の鮮明な例として、アマール・ビデの素晴らしい著作『ザ・オリジン・アンド・エボリューション・オブ・ニュービジネス（The Origin and Evolution of New Businesses）』[1]のなかで紹介されているコンピュリンク（CompuLink）を挙げることができる。コンピュリンクは、一九八四年に二〇代の二人の青年であるスティーブ・シェブリンとロバート・ウィルキンによって設立された企業だが、シェブリンが推進役だった。大学の中退組だったシェブリンは米軍に入隊後、電気技師の訓練を受けてその仕事に従事していた。しかし軍の堅苦しい規則は彼の肌に合わず、しばらく従軍したあとに除隊したのである。失業し、持ち金もわずかだったシェブリンはフロリダの小さいワンルームマンションに住み始めた。

当時はパソコンビジネスの最も初期の時代だったが、コンピューターマニアのシェブリンはパソコンとプリンターを自宅に所有していたのである。しかし、理想的なレイアウトはプリンターとパソコンを引き離すもので、約六メートルのケーブルが必要になったのである。シェブリンはプリンターケーブルやパソコン関連の備品を売っている店に行き、長いケーブルを置いているか尋ねた。

しかし、パソコンが出たばかりのころのケーブルのインターフェースは、今日ほど標準化されておらず汎用性もなかったのである。ケーブルやソケットの基準がごちゃ混ぜだった。小売店は、ケーブルはあるが二メートル強のものしか置いていないと答えたのである。店主は、三つのケーブルを連結して特別なコネクターで調整すればよいだろうと提案した。しかしシェブリンにとって、提案されたソリューションの価格も内容も満足できるものではなかったのである。

ワンルームマンションに戻ると、彼はこの問題についてじっくりと考えてみた。そして小売店に再び足を運び、自分はかつて米軍の技術者だったのだが、パソコンケーブルの作り方を知っていると伝えた。彼はあらゆる長さのケーブルを作るので、それらを小売店に売りたいと提案した。小売店側も、客からいろいろな長さのケーブルが欲しいとリクエストを受けるのはしょっちゅうだが、自分にはそれらを調達したり提供する能力がないと答えた。しかし、ケーブルがすぐに陳腐化する可能性を考えると、ブランド力のないケーブルの在庫リスクを抱えることに、小売店側は乗り気ではなかったのである。そこでシェブリンは委託契約を提案した。小売店側も委託契約ならば、どんな商品でも置くと言ってくれたのだ。こうしてシェブリンは顧客第一号とビジネスを開始したのである。

シェブリンとウィルキンは、消費者が必要としているが、提供されていないケーブルの長さやコネクターを慎重に調査した。二人はケーブルを九一メートルと、さまざまなコネクターを作るのに必要なハードウエアを調達すると、早速、作業に取り掛かったのである。そして半端な長さのケーブルを作っては上機嫌の小売店に納品したのである。これらのケーブルは製造コストが一つ当たり約二～三ドルだったが、小売店に約一六ドルで納品したので、従来の短いケーブルに比べて非常に競争力があった。そして小売店も三〇ドルを超す価格で販売したので、関係者すべてが好調な利益に満足だった。

二人は納品先の小売店を増やし、数カ月間は売り上げが大幅に伸びたのである。ところがその後、売り上げが落ち始めたのだ。小売店によると、競合大手が同じような長さの商品を提供し始め、それら既存企業のほうがブランド力もパッケージも優れているので、コンピュリンクのケーブルは必要なくなったとのことだった。

シェブリンは非常に落ち込んだが、じっくりと考えてみたのである。そして、パソコンやプリンターのメーカーは、接続が必要になる新しいプリンターやパソコンの新モデルやその他のデバイスの新製品を常に発売していることに彼は気づいたのである。そこでコンピュリンクは競争相手の参入に備えて、製品ラインの大部分を数カ月単位で刷新することにしたのだ。

シェブリンは機転が利き、目的を定めていたので、ほかの有力な競合他社よりも常に三～四カ月先にケーブルを発売することができたのである。競合他社は大企業であったために、新製品を量産するのに時間がかかったのである。シェブリンはケーブルの新製品を流通経路に乗せては独占者として大儲けをし、三～六カ月利益を搾り取ったころに大企業にその座を譲るか価格を下げたのであった。

彼らはこのシンプルなダンドーアービトラージで、ずば抜けた成功を収め、一九八九年にインク500誌の発表する成長著しい米国企業のトップ五〇〇の仲間入りを果たしたのである。文字どおり、彼らはずば抜けた利益が完全にタダで手に入るが、数カ月後には利益が消滅するという究極のビジネスアービトラージのモデルだったのだ。不確実性の扱い方にたけていたのである。低リスク、高い不確実性、そしてアービトラージこそが、成功する起業家の経営の核となるファンダメンタルズなのだ。

パソコンのインターフェースの標準化が進むに従い、コンピュリンクの当初の裁定スプレッドはほとんど消滅した。しかし、提供されているギャップを生かせる機会を常に探りながら、進化と脱皮を繰り返し続けたのである。そして、複合ケーブルの設置にチャンスを見いだしていったのだ。コンピュリンクは現在、六〇〇人の従業員を雇用し、ケーブル設置サービスに主に携わっている。[2] このスプレッドも縮小しているのだが、その間、ブランドと評判を確立することができたのである。技術革新や競争激化によってこのギャップが消滅するまで、コンピュリンクは少なくとも今後、数年間は成功し続けるだろう。

ガイコにとっての裁定スプレッドは、代理店や支店のネットワークを持たずに自動車保険を提供する戦略にある。オールステートやステートファームと違い、専属の代理店や支店を持たないのである。オールステートやステートファームには、全米に数千規模の代理店があり、これらの事務所は通常、受託代理店が個人所有している。そしてこの流通費用は、オールステートやステートファームの保険料の少なくとも一五％を占めているのである。ガイコには半永久的な一五％のコスト面での優位性が――注目、裁定スプレッド――ほかのほとんどの自動車保険会社に比べて存在するのだ。

ガイコは、有給従業員がスタッフを勤めるコールセンターや、http://www.geico.com/を通じてすべての保険商品を直接販売している。各店舗が年間に六桁、七桁、いや八桁の儲けを期待している非ネット型の従来型店舗（ブリック・アンド・モルタル）を数千店、設けるよりも、この両方の流通経路のほうが劇的にコストが安くて済むのである。インターネットは http://

www.geico.com/ を通じた販売量を成長させるのに役立ったのだ。http://www.geico.com/ を通じた販売は電話経由の販売コストを劇的に下回るので、ガイコの裁定スプレッドをさらに広げたのである。ガイコの裁定スプレッドは実際に、過去七〇年間で順調に広がっている。ガイコが設立された当時、電話はだれでも利用できるユビキタスな存在ではなく、主要チャンネルはアメリカ郵便公社だったのである。電話が一般的になるにつれて、主要チャンネルに置き換わったのだ。

一九八〇年代まで電話料金は比較的に高額だったが、電話料金が下がるにつれて、ガイコの裁定スプレッドも広がったのである。フリーダイヤルの八〇〇番に、ガイコが毎分二五セント以上を支払っていた時期もあったが、今日ではおそらく一セントにも満たないだろう。電話を通じた販売の主要コストは数千人に及ぶコールセンターのスタッフだが、これさえもインドにコールセンターを増やすことで、何ら問題なく削減できるのだ。その結果、裁定スプレッドはさらに広がるのである。

あと一〇年か二〇年以内に、ガイコの取引のほとんどがインターネットを介したものになり、コストはゼロに近づき、裁定スプレッドはさらに広がるだろう。オールステートやステートファームは、インターネットや電話から同等の費用便益を導き出せなかったのである。従来型店舗のコストや人件費が増加し続けているために、以後数十年間は彼らのフリクショナルコスト（取引コスト）も上昇するだろう。

ガイコは一九三〇年代初頭に設立されて以来、一貫して直接販売に力を入れてきた。このケースでは、裁定スプレッドが七〇年以上も維持され、驚くことに縮小する気配がないのである。しかしすべての裁定スプレッドはいずれ消滅するので、このケースも例外ではない。過去数十年間でスプレッドは広がったのだが、最終的には消滅するのである。

ガイコとプログレッシブは両社とも自動車保険の直接販売業者であり、アメリカ自動車保険市場の約一三％を占めている。この割合は数年前にはもっと低かったのだが、向こう数十年はさらに高くなるだろう。オールステートやステートファームは市場の約三〇％を占めているが、ガイコやプログレッシブが拡大した分が彼らのロスになるだろう。代理店を切り離して本業に痛手を加えることなく、オールステートやステートファームがガイコのモデルを模倣するのは非常に難しいのである。

向こう数十年間で自動車保険の直接販売が一般的になるにつれて、ガイコはほかの直接販売業社（プログレッシブのような）と競合するようになり、その結果、裁定スプレッドは消滅するのである。われらの理髪店には一～二年しか裁定スプレッドがなかった。ガイコの裁定スプレッドはおそらく一〇〇年近く維持されるだろう。どちらのケースでも、ブランドを築くことで既存顧客から安定した収益基盤を得られたのである。ブランド力のおかげで、従来のスプレッドが消滅してもビジネスは存在し続けるだろう。しかし、経済の成長率を上回る成長率を実現するのは、数十年後には非常に難しくなると思われる。

つかめる裁定チャンスをかぎ分けることが、人を引きつけるビジネスを創造する旅に起業家を駆り立てるのである。レオ・グッドウィンがガイコを設立したとき、彼はそれが裁定タイプの事業になるとは思ってもいなかっただろう。しかし、ガイコはまさにそうだったし、現在でもそうなのである。彼は、だれも自動車保険を直接販売していない点に気づいたのである。そして、これこそ理にかなっていると判断すると、自分の旅を開始したのだ。レイ・クロックも自分が裁定ビジネスに参入したとは考えていなかっただろう。しかし、マクドナルドのビジネスモデルはまさにそのとおりなのである。レイ・クロックが参入し、埋めるべきギャップが存在したのだ。ハワード・シュルツも同様に、スターバックスで別のギャップを生かして埋めているのである。しかし、最終的にはどのギャップも消滅するだろう。地平線に競争相手が現れたり、消費者の趣向が変化するかもしれないからだ。

モンゴメリーウォードを例にとってみよう。創業者だったエーロン・モンゴメリーは、設立当初から「お気に召さなければ、代金の払い戻しを保証します」という新しいシステムを導入した。当時は商品を返品するのは難しく、包装を一度解いたものを返品するのは実質的に不可能だったのだ。モンゴメリーウォードはそこに裁定ギャップを見いだし、その機会を生かしたのである。お気に召さなければ、代金の払い戻しを保証するという彼のシステムは新しく、消費者の心をつかみ、モンゴメリーウォードは急成長したのである。

シアーズも革新的な新興企業だったが、モンゴメリーウォードの成功を見て似たようなスローガンを取り入れたのである。この一見、バカげたビジネス戦略を取り入れた競合他社は皆無だった。というのも、あなたの店で以前に購入した商品をどんな理由であれ返品しにきた一般客のジョーを、完全に信用する覚悟が必要だったのである。ジョーが気に入らなかったと一言言うだけで、シアーズもモンゴメリーウォードも返金しなければならないのだ。この裁定スプレッドは数十年間、維持された。しかし、今日ではほとんどの先進国においてスプレッドはおおむね消滅している。今ではどの小売店も参入する代金として、自動的にこの保証を提供しなければならない。「ありがとうございます」と同じくらいに基本的になっているのだ。これは消費者が、すべての小売店に期待するサービスになっている。

このスプレッドが消滅すると、シアーズやモンゴメリーウォードにはそれ以上、消費者を引きつける理由がなくなっていた。その結果、ウォードは最終的に二〇〇〇年に廃業し、シアーズも昔の面影はない。ウォールマートの価格や効率性に張り合うことはできないし、ターゲットと高級品志向の顧客を奪い合うこともできない。ホームデポやベストバイなどのカテゴリーキラーと張り合うのも無理なのだ。シアーズの既存店の売上高は過去数年、継続的に減少している。そしてもうひとつの斬新な裁定スプレッドだったシアーズとウォードの通信販売も、何年も前にすたれているのだ。

フォード自動車の最大の技術革新は組み立てラインだった。大幅に削減されたコストで、自動車の大量生産ができるようになったのである。組み立てラインはフォードのすべての競合他社に取り入れられただけでなく、実質的に全産業の全メーカーに採用されるようになったのである。しかし、フォードにとっての組み立てラインの裁定スプレッドは何十年も前に消滅している。GMの技術革新は、消費者のタイプによってブランドやモデルを製造する細分化戦略だった。この裁定スプレッドも何年も前に消滅している。両社がその後かなり長い間、売り上げを伸ばすのに苦戦しているのもうなずけるのである。両社の草分け的なスプレッドは過去のものであるが、フォードとGMは成功例だ。自動車業界の黎明期に設立された無数の自動車メーカーは非常に狭い裁定スプレッドしか得られず、彼らは舞台から間もなく消えていった。

筆者が一九八〇年代にイリノイ州ネーパービルに住んでいたころ、自宅の近くに小規模なショッピングセンターがあった。目玉テナントはイーグル食料品店で、その他のテナントは中華のテイクアウトレストラン、ステートファームの保険代理店、美容院などだった。そして、そのショッピングセンターの脇を車で通るたびに、店舗の入れ替わりのスピードに驚かされたものである。毎年一月一日に、ショッピングセンター全体の写真を撮ってスクラップしたら、一年間の変化が分かるかもしれないと何度も思ったくらいだ。最後にチェックしたときには、ステートファームはまだ健在だったので、二〇年近く存在していることになる。

堀の幅はビジネスによって違う。イーグル食料品店は数年後に倒産したが、食料品の販売は非常に厳しいビジネスなのである。さらに約一〇年後になると、美容院とステートファーム以外、ほぼすべての店舗が入れ替わっていることに気づいたのである。美容院は安定した顧客基盤から経常的に収益が得られるし、自動車保険もだれでも必要なものなのだ。しかし、ガイコやプログレッシブが今後の数十年間でステートファームの顧客を奪うにつれて、あの代理店も店じまいをするかもしれない。

永続的なダンドーアービトラージのスプレッドは二〇〇〇年にネブラスカ州オマハで行われたバークシャー・ハサウェイの年次総会で、ウォーレン・バフェットが「堀」と呼んだものである。

われわれの資金を奪おうとする、数百万の略奪者を撃退することができるように、サメやワニがうじゃうじゃしている大きな堀を備えた城を構えたいものだ。われわれが考えているのは絶対に渡れない堀であり、毎年増益しなくても、堀は毎年広げなさいとマネジャーたちに伝えてある。われわれが保有するほとんどすべてのビジネスに、広くて大きな堀が備わっていると思っている。[3]

ウォーレン・バフェット

バフェットは、長持ちする堀と裁定スプレッドを備えたビジネスを購入するのに非常にたけている。それでもバークシャーでさえ、素晴らしいビジネスの堀が空になった例がいくつかあるのだ。その例として挙げられるのが、ブルーチップ・スタンプスとワールドバンクだ。スペリーやハッチンソンのグリーンスタンプ同様に、ブルーチップ・スタンプスは、消費者が使った金額に応じて小売店から得られるポイントである。スタンプを提供する加盟店に顧客を定着させる方法として、うまく機能していた。消費者は集めたスタンプを持参してさまざまな特典を、タダで手に入れることができたのだ。しかし、このビジネスはほとんど姿を消してしまった。航空会社のマイレージがブルーチップ・スタンプスに最も類似した商品だが、これによって航空会社は破産したようなものである。

ワールドバンクは、バークシャー・ハサウェイが保有する百科事典の出版社である。かつての主な競合相手はブリタニカだったが、今日では両社とも、実在しないも同然である。ブリタニカもワールドも、グーグルの足元にも及ばないのである。両社の堀はほとんど蒸発してしまったのだ。

バッファローニュースもバークシャー・ハサウェイの事業のひとつであり、ニューヨーク州バッファローの主要紙である。バッファローニュースは長年の間、実質的に市場を独占していたが、新聞の購読者数が減少しているため、堀は少しずつ縮小している。しかし、だからといってこれらの投資が失敗だという意味ではない。それどころか三社ともバークシャーにとってはホームランだったのだ。バクシャーが素晴らしい投資リターンを得られるような、非常に好調な事業モデルが十分に長く続いたのである。シーズ・キャンディーもブルーチップ・スタンプスの余裕資金を生かして購入されている。

われわれはいかなるダンドー裁定スプレッドも、いずれ消滅することを知っている。一番重要なのは、そのスプレッドはどれだけ長持ちするのか、そして堀の幅はどれだけ広いのかである。バフェットが述べているように――。

投資のカギは、その産業が社会にどれだけ影響を与えるか、あるいはどれだけ成長するのかを評価することよりもむしろ、対象企業の競走上の優位性と、何よりもその優位性が持続するかどうかを見極めることにある。[4]

ウォーレン・バフェット

すべてのものが最終的には廃れる。一見、永遠に見えるダンドーアービトラージのスプレッドも、いずれは消滅するのだ。だからといって、投資から十分なリターンが得られないという意味ではない。しかし、そのスプレッドが一〇カ月持つのか、それとも一〇年持つのかを、ある程度は見通す必要がある。スプレッドは幅が広いほど良いのである。そして長持ちするほど良いのだ。ダンドーと従来のアービトラージの違いは、主にスプレッドの幅と持続性にある。ダンドーでは、このスプレッドが何年も維持されるので、投資家がこのスプレッドを生かして手に入れるリターンが巨額になるのだ。

裁定の機会を常に探すこと。それらは実質的にリスクなしで、投下資本に対する高い収益率をもたらしてくれるのである。このダンドーアービトラージのスプレッドをできるかぎり、活用するべきである。

第12章 ダンドー401
――常に安全域を確保する！

読者はまだ気づいていないかもしれないが、ダンドー大学の一年、二年、三年生の授業を終了したことになる。みなさんはもう四年生なので、最終コーナーに差しかかっている。授業内容が非常に気に入ったみなさんはダンドー大学院に進んで、ＭＤＩ（ダンドー投資修士号＝Master of Dhandho Investing）の資格を取ろうと決めているだろう。あと三章を消化すれば、ダンドー大学の授業を終えたことになる。そして、最後の三章は修士レベルの授業だ。一度、それらを吸い込んで、あなたの心理に刻み込んでしまえば、人々が手にしたがっているＭＤＩを修得したことになる。信頼できるソースによれば、ＭＤＩはハーバードのＭＢＡ（経営学修士）

よりはるかに優れており、あなたをより裕福にしてくれるという。

バフェットは毎年、三〇を超す大学のビジネススクールから学生を招待している。大学はハーバードやエールからテネシー大学やテキサスＡ＆Ｍなど幅広い。学生たちはバフェットのお気に入りのステーキハウスで一緒に昼食を取りに繰り出すまでの一時間以上、どんなテーマについても質問してよいことになっている。ほとんどのグループが、バフェットに推薦図書を教えてもらう。過去数十年間、バフェットが推薦する最良の図書のなかで変わっていないのはベンジャミン・グレアムの**『賢明なる投資家』**[1]（パンローリング）であり、二〇〇六年三月二四日に、ネブラスカ州オバマでコロンビア大学のビジネススクールの学生に述べたのは――。

『賢明なる投資家』は今でも投資関連書籍のなかで最高のものだ。そしてそのなかで諸君にとって本当に必要なアイデアは三つしかない。

①第８章――「ミスターマーケット」の例え。株式市場があなたに仕えるようにしなさい。ウォール・ストリート・ジャーナルのセクションＣがわたしのブローカーである。わたしが売ったり買ったりする価格を毎日、教えてくれて、しかもストライキをしない。

②株式とはビジネスの一片である。出入りするキャッシュに基づいた潜在的な価値を有するビジネスを購入しているのだということをけっして忘れてはならない。

③第20章――「安全域」（マージン・オブ・セーフティー）。あなたが控えめに見積もった価格よりも、はるかに低い価格でビジネスを購入するよう気を配ること。[2]

ウォーレン・バフェット

安全域の重要性に関するグレアムの考え方はかなり率直でシンプルである。アインシュタインの定義による知力の五つの階段が、「頭が良い、知性がある、優秀である、天才的だ、シンプルだ」の順で上っていたのを思い出してほしい。ある資産を本来の価値よりも大幅に安く購入するときに、われわれは損失リスクを削減していることになる。グレアムが天才的だったのは以下の両方の現実にこだわった点だ。

1．本質価値に対して割安度が大きいほど、リスクは低くなる。
2．本質価値に対して割安度が大きいほど、リターンは高くなる。

パパ・パテルやマニラルはベンジャミン・グレアムの名前など聞いたこともなかっただろう。ブランソンもまた、グレアムの本を読んだことはなかっただろう。しかし、彼らのダンドーの旅にとって一番重要なのはリスクを常に最小化することだった。彼らは一見、バカげた「リスクが低いほど、報酬は大きい」という考え方に、常にこだわり続けたのである。

世界中のトップランクのビジネススクールのほとんどが、安全域のファンダメンタルズやダンドーについて理解していない。それらの学校にとっては、高いリスクと高いリターンがセットのように低いリスクと低いリターンもセットなのである。しかし、一生の間にはだれでも低リスクで高リターンの賭けにいくつも遭遇するのである。そして、それらは生活のあらゆる場面に存在しているのだ。ビジネススクールは、これらの機会を探して生かす方法を学生に教えるべきである。

株式市場における安全域の例で最も記憶に鮮明に残るのは、ウォーレン・バフェット自身が一九七三年に行ったワシントン・ポスト株の購入に関する彼の見解である。

われわれが現在持っているワシントン・ポスト株は、一九七三年半ばにその企業価値が四分の一以下になったときに購入したものだ。株価純資産倍率の計算に特別な洞察力など必要なかった。ほとんどの証券アナリストやメディアブローカー（メディアの紙面枠や広告枠の販売代理）やマスコミの経営陣も、われわれと同じようにWPCの本質的な企業価値を四～五億ドルと見積もれたはずである。また一億ドルの時価総額の数字も、だれでも分かるように連日、公開されていたのである。しかし、われわれの優位性は、投資で成功する秘訣は好調な企業の株の市場価格がその潜在的な価値よりも大幅に安いときに購入するべきだというベンジャミン・グレアムから学んだ姿勢にあったといえるだろう。

一九七三～一九七四年の間、ワシントン・ポストのビジネスは好調で本質価値も伸びていた。しかし一九七四年末になると、われわれのワシントン・ポスト保有株は約二五％下落し、投資元本一〇六〇万ドルに対して時価総額が八〇〇万ドルになっていたのだ。われわれが一年前にものすごく安く購入した株は、市場がその計り知れない知恵からワシントン・ポスト株を本質価値の一ドル当たり二〇セントも値下げしたために、さらに安くなったのである。[3]

ウォーレン・バフェット

余談だが、バフェットはワシントン・ポストの株を保有している過去三三年間に一株も手放してはいない。投資元本の一〇六〇万ドルは現在では一三億ドルを超す価値があり、これは投資元本の一二四倍以上である。そして、ワシントン・ポストはまあまあの配当を行っているが、その額が一二四倍とは別枠である。ワシントン・ポストがバークシャーに毎年支払っている配当は、バフェットが最初に株式を購入するために支払った金額よりも多いのである。

ワシントン・ポストはなぜ、一九七三～一九七四年に本質価値よりも大幅に安く取引されていたのだろう？　バフェットはさらに以下のコメントを述べている。

一方、一九七〇年代初頭のほとんどの機関投資家は株の売買価格を決定するときに、企業価値との関連性はほんのわずかだと思っていたのである。今日では信じがたいことだ。しかし当時の機関投資家は、一流ビジネススクールの学者たちが唱えていた最新の理論――株式市場は完全に効率的であり、よって企業価値の計算のみならず、それについて考えることさえ投資活動にとっては重要ではない――の魔法にかかってしまっていたのである（われわれはこの学者たちに対して、とてつもなく大きな借りがある。知的な競技にとって、それが仮にブリッジであれ、チェスであれ、株式銘柄の選択であれ、考えることがエネルギーの無駄だと教えられている対戦相手を持つことほど、有利なことはないのであるから）。[4]

ウォーレン・バフェット

チャーリー・マンガーが二〇〇四年に、ウエスコの年次総会で語っているように、過去二〇年間、市場の効率性に対する機関投資家の考え方に大きな変化は起きていない。

われわれのアプローチを取り入れている人は非常に少ない……われわれの説を支持してくれるのは二％程度で、残りの九八％は聞いたことをそのまま信じているだろう（例　市場は完全に効率的である）。[5]

チャーリー・マンガー

バフェットがワシントン・ポストの持ち分を、本質価値の七五％割安で購入したのは教訓的である。ベンジャミン・グレアムがフルブライト上院議員に告げたように、本質価値に対する割安度はどのケースでもいずれは消滅する。バフェットはギャップが数年で消滅することを知っていたのである。筆者は投資を行うときに、常にギャップが三年以下で消滅する可能性が高いと予測している。過去七年間のプロの投資家としての経験からいくと、ギャップのほとんどは一八カ月未満で消滅するのである。

バフェットはワシントン・ポストの持ち分を一九七三年に、一株、約六・一五ドルで購入している。彼はその時点で企業価値が一株二五ドルだと知っていたのである。ワシントン・ポストがその後の三年間で、本質価値の最低九〇％まで追いついたと仮定してみよう。さらに、内部留保と企業の成長によって本質価値が年間一〇％と、小幅ながらも伸びたとする。よって、一九七六年には、この企業は一株三三・二八ドル（二五ドル×一・一×一・一×一・一）を超す価値になり、その九〇％は約三〇ドルである。もしだれかがこの株を一九七三年に購入して一九七六年に売ったとすると、年率換算の投資収益率（年率リターン）は約七〇％になる。ではこのケースを、ケリーの公式で計算してみよう。以下の保守的なオッズを仮定してみる。

三年で四倍かそれ以上のリターンを生むオッズ	八〇％
三年で二～四倍かそれ以上のリターンを生むオッズ	一五％
ブレイクイーブン（損益ゼロ）～二倍のオッズ	四％
全損のオッズ	一％

投資家は手持ち資金の九八・七％を、このよだれの出そうなチャンスに投資するべきだとケリーの公式は示している。当時のバークシャー・ハサウェイの時価総額は約六〇〇〇万ドルだった。使用可能なキャッシュはこの数字のほんの一部だっただろう。バフェットはこの賭けに、手持ち資金の二五％を大幅に超える額を投じたのだと筆者は推定している。

グレアムの安全域に対するこだわりは理解できる。下げリスクを最小化しながら上昇する余地を最大化するのは強力なコンセプトである。バフェットの純資産が四〇〇億ドルを超えている理由でもある。彼は最小限のリスクをとりながら常にリターンを最大化することで、そこに到達したのである。たいていの場合、資産はその本質価値かそれ以上で売買されている。しかし、重要なのは瞬間的な暴落を辛抱強く待つことなのだ。

困窮の極に達したときや、悲観論が強まったときには合理性が窓の外に放り出されて、特定の資産の価格がその潜在的な本質価値を大幅に下回るようになるのだ。困窮が極に達するのは、九・一一やキューバのミサイル危機のようなマクロな出来事がきっかけになることがある。あるいは企業に特化した出来事、例えばデニス・コズロウスキーのスキャンダルを発端にした、タイコ株の暴落などである。

次に行き詰まるのがどの資産クラスになるのかは予測できない。しかし、株式という資産クラスに焦点を絞れば、数千の企業が対象になる。公開株式市場で取引されている特定の企業の株価が毎週のように急落しているのだ。あるいは、特定のセクター全体が暴落するときもあるかもしれない。そしてまれではあるが、九・一一のようなマクロショック時には、市場全体が暴落するときもあるのである。

パパ・パテル、マニラル、ブランソン、グレアム、マンガー、そしてバフェットはいつでも広い安全域にこだわり、低リスクで高リターンの賭けを見いだすためならどんな苦労もいとわなかったのである。これこそが富の公式なのだ。

第13章

ダンドー402
――低リスクで不確実性が高いビジネスに投資する

パパ・パテル、マニラル、ブランソン、ミッタルは全員、リスクの低いビジネスに投資をする投資家である。しかしそれでも、彼らが投資した企業のほとんどに、将来、さまざまな結果が起こり得る可能性があった。これらの企業の将来的なパフォーマンスは非常に不確実だったのである。しかし、洞察力があるダンドー起業家たちである彼らはいろいろな可能性を考え抜いた結果、投下された資本が非常に少ないという事実と、そして・あるいは資本が永続的に失われるオッズが非常に低い点に安心感が持てたのだ。両方とも投資活動には強く求められる要素である。そこから先の展望はかなりあいまいだったが、彼らが投資したビジネスは共通した性質を備えていた。どれも低リスクで不確実性が高いビジネスだったのである。

彼らは前もってケリーの公式によるオッズを計算したわけではないが、投下資本の何倍もの儲けを得ることや投下資本を失う確率が非常に低いことを、もともと理解していたのである。彼らにとってはシンプルな賭けだったのだ。「コインの表なら勝ち、裏でも負けは小さい！」

ウォール街はリスクと不確実性を混同することがあるので、この過ちに便乗すると高水準の利益が得られる。ウォール街はとにかく不確実性が大嫌いなので、潜在するビジネスの取引相場価格を崩壊させる形で、その嫌悪感を表現するのである。株価を低迷させるシナリオは以下のとおりである。

高リスク、低い不確実性
高リスク、高い不確実性
低リスク、高い不確実性

第四番目の論理的な組み合わせである低リスク、低い不確実性はウォール街に愛されているため、このタイプの証券の株価収益率（ＰＥＲ）は最も高くなる場合がある。このタイプの企業に投資するのは避けたほうがよい。ダンドー手法の信奉者であるわれわれにとって、この三つの組み合わせのなかで関心があるのは、われわれが最も望むコイン投げのオッズを提供してくれる低リスク、高い不確実性の組み合わせだけである。「コインの表なら勝ち、裏でも負けは小さい！」

アメリカン・エキスプレス、ADP、ペイチェックス、プロクター・アンド・ギャンブル、コストコは、すべて不確実性が低い企業の例である。これらの株価が底値圏のバーゲン価格になることはほとんどない。しかし、一九六〇年代にアメリカン・エキスプレスがそうだったように、不確実性が将来性に暗雲をもたらしたときには、株価は律儀にも暴落するのである。

スチュワート・エンタープライズ

低リスクで不確実性の高い企業のケーススタディーとして格好な例は、二〇〇〇年のスチュワート・エンタープライズ（STEI）だろう。スチュワートは一九九〇年代を通じて、葬儀業界を買収戦略で統合してきた創業九六年の企業である。[1] 葬儀業界は一九九〇年代に一〇億ドル級の大企業に統合するのがはやるまでは、非常に細分化された業界だった。スチュワート・エンタープライズ（STEI）、ローウエン・サービス・コープ（SRV）、キャリッジ・サービス（CSV）は、株価収益率（PER）が高いこれらパパママ経営の葬儀屋を買いあさり、多額の負債を抱え込んでしまったのである。

三社が行った同じ過ちはほとんどの企業を株式ではなくキャッシュで買収したために、買収ブームを支える資金を大量に借りまくってしまったのである。そして、ローウエンが借金の重荷に耐えられなくなり倒産したことで、狂乱は終わりを迎えたのであった。ウォール街は葬儀ビジネスに興味を失い、株価は下落し始めたのである。そう、想像以上に低く。銀行や貸し手はそれ以上の融資を行う意思がなく、バランスシート上のレバレッジ解消を求めたのだ。追加の買収もなくなり、売り上げも横ばいになった。もはや成長事業ではなくなっていたのである。

スチュワートの二〇〇〇年の長期借入金は九億三〇〇〇万ドルに達しており、約五億ドルは二〇〇二年が弁済期限だった。ウォール街はこれらの巨大葬儀企業の債務返済能力を疑い始め、どの企業に対しても、倒産することを前提にした株価を付け始めたのである。そしてこの債務依存症のせいで、スチュワートの株価は二年間で一株二八ドルから二ドルに急落したのだ（**図表13－1**）

二〇〇〇年の秋、バリューラインに掲載されている、PERが最も低い銘柄リストを筆者が眺めていたときに、「ハッ」とさせられたのである。聞いたこともない二つの銘柄がバリューライン全体のなかで最も低いPER銘柄として、何週間も掲載されていたのだ。それが、サービス・コープとスチュワート・エンタープライズだったのである。両銘柄ともPERが三倍未満で動いていた。筆者がバリューラインのリストを見始めて数年になるが、一六〇〇銘柄のなかでPERが三倍未満で動くのはまれである。さらに、両社とも葬儀社であることに気づいたのである。シンプルなビジネスに思えたので、詳しく調べてみることにした。

図表13－1　スチュワート・エンタープライズの1998年から2002年の株価推移（28ドルから2ドルに暴落）

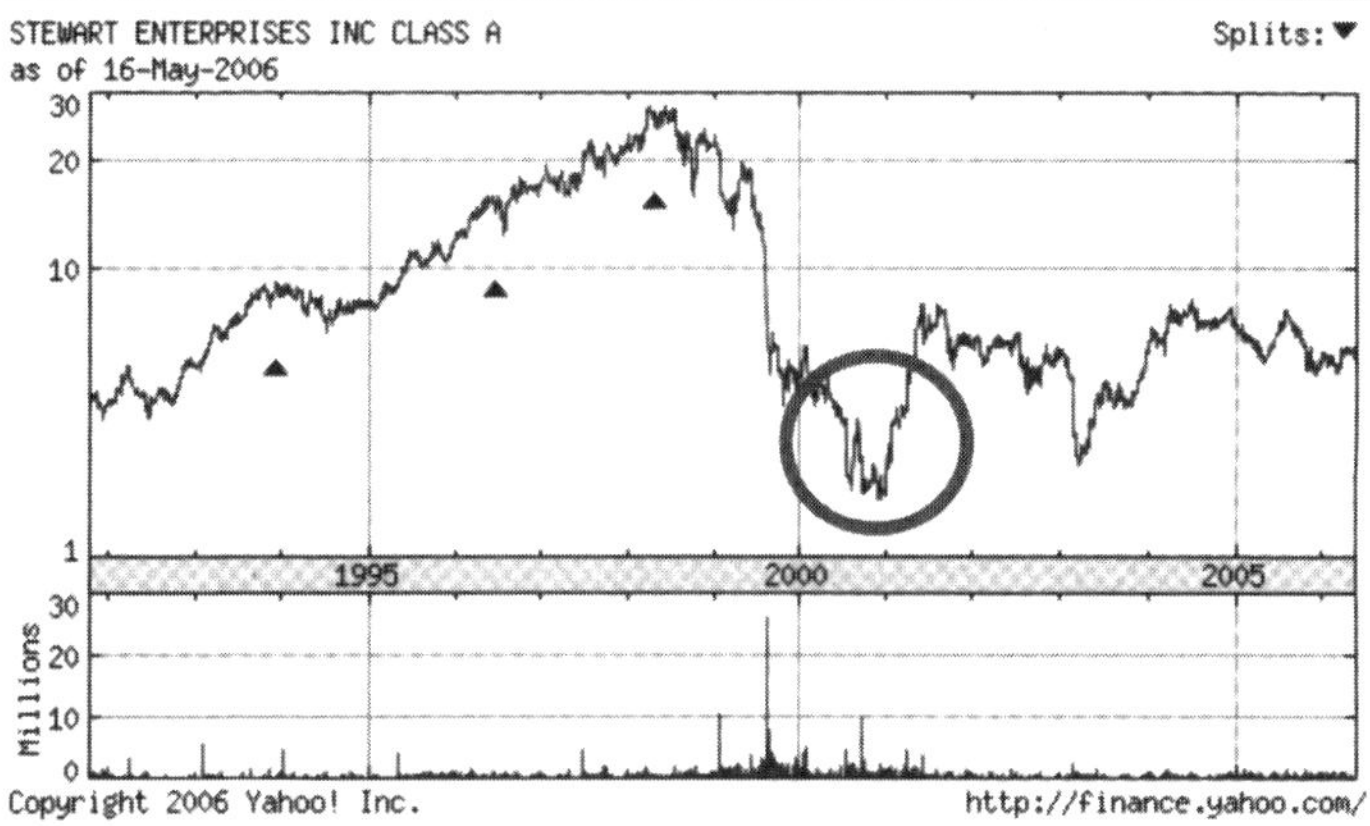

筆者は、一九九〇年代にシカゴ・トリビューン紙に掲載された面白い記事を読んだ記憶がある。その記事は、産業別の企業倒産率について詳細な分析を行っていたのだ。私の関心を特に引いたのは、ＳＩＣコード別に企業倒産率を分類している表だった。そして、面白いことにすべての産業のなかで最も倒産率が低いのが葬儀業だったのである。しかし、考えてみたらもっともなのである。

●どの家庭も親愛なる家族の最期の儀式はきちんと行いたいものである。価格の安さを求めるわけではない。家の伝統を引き継ぎ、その一族が過去に利用したことがある葬儀屋を利用する可能性が高い。

●葬儀業界の大物になりたいと思っているティーンエージャーに会ったことはない。この業界の陰気な性質が新興企業を少数に抑えるのに役立っている。

●ウォーレン・バフェットが簡潔に述べているように、急激に変化する業界は投資家にとってはよくない。ほとんどの人間が最期の儀式として検討する選択肢はほぼ一定であり、何百年たっても変化の速度は遅いだろう。土葬から火葬への移行も、既存の葬儀社が徐々に適応したスタイルなのである。

●アメリカの人口は成長を続け、向こう数十年は増加すると予想されており、長い将来にわたって収益は増え続けるだろう。

●寿命の延びは短期的には収益の妨げになるかもしれないが、葬儀の生前予約サービスがこのトレンドを相殺している。生前予約は多くの葬儀業者の総収益の約二五％を占めている。あと四〇年間は提供しないかもしれないサービスに対して、顧客が前払いをしてくれるビジネスに読者が参入するご予定は！

以上の性質を考えると、葬儀社は非常に高いプレミアムと二桁台のＰＥＲで取引されているべきなのである。彼らのキャッシュフローは、非常に確実性が高いのである。にもかかわらず、この防弾装備の頑強なビジネスはウォール街に見捨てられていたのだ。

二〇〇〇年七月の時点ではスチュワートがどうやって債務を返済し、債務不履行を避けられるのか明確な答えはなかった。ウォール街は、スチュワートが債務不履行になり株価が暴落した時点で、破産申告をするしかないだろうと予想していた。

その時点でのスチュワートの年商は約七億ドルで、七カ国に約七〇〇の墓地と葬儀屋を営んでいたが、大半はアメリカ国内にあった。スチュワートの簿価は一株四ドルだった。よって、簿価の半値で取引されていたことになる。簿価は土地などの原価による有形資産を含んでいるので、過小評価されている可能性が高かったのである。

スチュワートの二〇〇〇年四月三〇日までの半年間の収益と営業キャッシュフローは約三八〇〇万ドル、一株は〇・三六ドルだった。一二カ月間ベースでは一株当たり約〇・七二ドルのフリーキャッシュフローを生み出していた。スチュワートの株はキャッシュフローの三倍未満で取引されていたのだ。

外から見たかぎりでは、パパママ経営の数百の葬儀屋が買収されたあとも変化はなかった。小規模の葬儀屋はそれぞれの地域で強いブランド力を持っていたので、昔の名前が維持されていたのである。しかし、販売促進や生前予約商品の販売などの後方業務は合理化されて、葬儀社の傘下に置かれていた。下部の各葬儀屋は収益性が高く、予測可能なキャッシュフローを有している優良事業だったのである。親会社のバランスシートが弱いことが、根本的な原因だったのだ。

債務の弁済期限が到来したころには、この企業は一億五五〇〇万ドル以上のフリーキャッシュフローを生み出しており、残された赤字は三億五〇〇〇万ドル未満だろう。向こう二四カ月のスチュワートのシナリオとして、以下の五つのケースが考えられると筆者は結論づけたのである。

1. それぞれの葬儀屋は独立した事業である。スチュワートは、数百の家族経営の葬儀屋を買収して統合した企業だった。各葬儀屋は統合前の名前を、そのまま使っていた。ほとんどの顧客は所有者が代わったことさえ気づいていなかった。したがって、スチュワートがキャッシュを得るにはいくつかの葬儀屋を売るという選択肢がある。以前の所有者の多くが、買い戻したいと思っているだろう。当該企業は各葬儀屋に対して通常、八倍以上のキャッシュフローを支払ってきた。スチュワートは大量の葬儀屋を元の持ち主に、キャッシュフローの最低四～八倍で売れると筆者は踏んだ。よって、葬儀屋を一〇〇～二〇〇件ほど売却すれば、債務の問題は片づくかもしれないのである。

筆者が設定したこのシナリオがうまくいくオッズ　二五％
このシナリオがうまくいったときの二四カ月後の株価　四ドル超

2. スチュワートの銀行や貸し手がスチュワートの健全なキャッシュフローや予測可能なビジネスモデルを見て、ローンの満期を延長したり借り直しを許可するかもしれない。スチュワートが現在よりも高い金利の支払いを提案すれば特にそうだろう（例えば、現在より二%高く）。

筆者が設定したこのシナリオがうまくいくオッズ　三五%
このシナリオがうまくいったときの二四カ月後の株価　四ドル超

3. スチュワートは別の貸し手を探すこともできるだろう。健全なキャッシュフローがあるので貸し手は多く見つかる可能性がある。現在の金利より一～二%高い支払いを提示すれば特にそうだろう。

筆者が設定したこのシナリオがうまくいくオッズ　二〇%
このシナリオがうまくいったときの二四カ月後の株価　四ドル超

4. スチュワートが倒産するシナリオ。スチュワートのような会社更生のケースでは事業を部分的に売却して、その受け取り代金を不履行になった債務の支払いに当てるよう裁判所が命令するだろう。このような苦境下の売却であっても、買い手間の競争から葬儀屋はキャッシュフローの最低五～七倍で売れるだろう。最高、数百件の葬儀屋が売却されれば、スチュワートは倒産からよみがえるだろう。

筆者が設定したこのシナリオがうまくいくオッズ　一九％
このシナリオがうまくいったときの二四カ月後の株価　二ドル超

5．直径が約八〇キロもの隕石が落ちてくるか、イエローストーン火山が爆発するか、ほかの極端な出来事が起きて、スチュワートの資産価値がゼロになる。

筆者が設定したこのシナリオがうまくいくオッズ　一％
このシナリオがうまくいったときの二四カ月後の株価　〇ドル

以上が、どのように展開するかには非常に大きな「不確実性」を伴うのは言うまでもない。資本金が永久に失われる「リスク」は一％未満である。これは「大変高い不確実性」と「大変低いリスク」の教科書的な例である。このようなシナリオを提示したら、ウォール街は理屈に合わないほど時価を崩壊させるだろう。ウォール街が、リスクと不確実性を混同している状況を常にうまく利用すること。結果はかなり満足がいくはずである。

筆者は当時、ケリーの公式など知らなかったが、これが非常に有利な賭けだと理解するのに、小学校三年生程度の算数の知識があれば十分だった（余談だが、ケリーの公式によると、あなたは手持ち資金の約九七％を、この非常に有利な賭けに投じるべきである）。

パブライファンドはスチュワート・エンタープライズに、二〇〇〇年の第3四半期と第4四半期にファンド資産の一〇％を一株二ドル未満で投資したが、一株四ドルを超す価格で二年以内に売却するのが目標だった。

その数カ月後の二〇〇一年の三月一五日、スチュワートはヨーロッパ、メキシコ、その他の海外における葬儀屋の売却を検討し始めていると電話会議のなかで発表した。海外の資産はスチュワートの収益や資産の約二〇％を占めていたが、大したキャッシュフローを生んでいなかったのだ。スチュワートはアメリカ国外に約四億六〇〇〇万ドルの資産を保有していた。不確実性が部分的に解消したことで、株価は二ドルから三ドルに上昇したのである。

スチュワートは、この売却から三～五億ドルのキャッシュを得るつもりだった。驚いたのは、経営陣が筆者の描いた選択肢をしのぐ案を提示したことである。キャッシュフローを削減せずに、債務を解消できるのである。ここで得られた教訓は、賭けをさらに有利にするような行動を優秀な経営陣が取るときには、ほとんどの株式投資で株価を上昇させる無料オプションが付いてくるということである。

二〇〇一年の三月までにスチュワートは五〇〇〇万ドルを超す債務を返済し、キャッシュフローは引き続き堅調だった。その数週間後にスチュワートの株価が一株四ドルを超えたところで、筆者は売り抜けたのである。その後、スチュワートが葬儀屋の売却を完了すると、株価は一株八ドルに上昇し、六～八ドルの間でかなりの期間、取引された。

ウォール街は、リスクと不確実性を区別することができず両者を混同してしまったのである。しかし、バフェットやグレアムのような洞察力のある投資家はミスターマーケットのこの弱点を何十年も利用し、素晴らしい結果を出しているのだ。低リスクで不確実性が高い賭けを見つけだすことで、ウォール街の弱点をうまく生かすべきである。

レベル3　転換社債

低リスクと高い不確実性の結果、素晴らしいリターンを得ることができたもうひとつの例として挙げられるのは、レベル3コミュニケーションの二〇〇一年と二〇〇二年の転換社債のケースである。レベル3（LVLT）は主にネットワーキング・テレコミュニケーション業界に対して帯域幅と関連サービスを提供する世界規模のプロバイダーである。レベル3は、世界のネットワークのなかで最も低いビット当たりコストを提供するグローバルなインターネットプロトコル（IP）ネットワークを開発し運営するために設立された企業である。[2]

私にとって技術系の投資は、予測するのが難しく変化が激しい傾向のある業界なので、どんな案件でも五秒でパスすることにしていたのである。テレコム業界全体を軽くパスする対象として見ていたのだ。急速に変化する業界は投資家にとっては敵であり、ダンドー起業家は長期的な変化が最も少ない業界に固執するのである。テレコム業界のテラップス（ＴＬＡＢ）に勤務した五年間の経験から、これは急速に変化する業界であり、セクター全体をパスするほうが賢明だという見方を強固にさせたのである。

しかし、二〇〇一年半ばにバロンズ紙[3]の記事を読んでから、この慎重な見方をちょっと脇において、レベル３をもっと深く掘り下げてみようという気になったのだ。その記事は、バークシャー・ハサウェイが最近、レベル３のディストレス債券を約三億五〇〇〇万ドル購入したという噂があると記していた。私にとって、バフェットの投資を分析するのは常に楽しい作業なのである。興味津々になった私は、いつもならコカ・コーラやジレットなどの安定した企業を探しているバフェットがどうしてブロードバンドテレコムのような予測することが難しく変化が激しい業界に投資をするのか、その理由が知りたいと思ったのである。それに彼は常々、ハイテクビジネスには自信がなく、迷わず遠慮すると述べていたのだ。したがってもし噂が本当なら、なぜウォーレン・バフェットはレベル３の債券をかじってみる気になったのだろうか？

私が行った調査により、以下の事実が間もなく明らかになった。

レベル３は、ピーター・キューイット・アンド・カンパニーが、オマハに設立した企業である。当該企業は一九九八年初頭にＩＰＯを行い、二〇〇〇年の第１四半期のナスダック急騰ピーク時に、株価が一株当たり一三〇ドルの高値を付けた。その結果、時価総額が約四六〇億ドルに達したのである。しかし、二〇〇二年になると株価はピーク時から九七％以上も下落していったのである。レベル3は、全米、ヨーロッパ、アジアに最先端の光ファイバーのIPネットワークを構築するために一〇〇億ドル以上を費やしていたが、そのなかには大西洋横断高速光ファイバーリンクも含まれていた。この設備投資は、負債資本（デット）と株主資本（エクイティ）の組み合わせで支払われた。その結果、この企業の負債残高は約六〇億ドル（額面）であった。またキャッシュは一五億ドルで、銀行信用枠は六億五〇〇〇万ドルだったのだ。

一七一ページの表は二〇〇一年一二月三一日付の、レベル3の債権者の請求権の優先順位である（単位＝一〇〇〇ドル）。

レベル3の無担保債務の四〇億ドル超のほとんどが二〇〇一年と二〇〇二年に一ドル当たり一八～五〇セントで取引され、年利回りが二五～四五％だった。これは、倒産していない企業としては驚異的な数字である。そしてこれらはすべて、契約履行保証状（パフォーマンスボンド）であった。この価格は、レベル3が倒産に向かっており、倒産後の債券の回収は悲惨になると、ウォール街がほぼ一〇〇％確信したことを意味していたのである。

二〇〇一年までの収益は、以下のとおり。

銀行借入	1,125,000
抵当付き借入金	232,000
有担保債務　小計	**1,357,000**
2008　優先債券　9.125%	1,430,000
2008　優先債券　11%	442,000
2008　優先債券　10.5%	583,000
2008　ユーロ優先債券　10.75%	307,000
2010　優先債券　12.875%	386,000
2010　ユーロ優先債券　11.25%	93,000
2010　優先債券　11.25%	129,000
無担保上位債務　小計	**3,370,000**
2010　転換劣後債　6%	728,000
2009　転換劣後債　6%	612,000
劣後無担保債務　小計	**1,340,000**
総債務	6,067,000

一九九八年　三億九二〇〇万ドル
一九九九年　五億一五〇〇万ドル
二〇〇〇年　一二億ドル
二〇〇一年　一五億ドル

二〇〇一年までのフリーキャッシュフロー（すべての設備投資後）は、以下のとおり。
一九九九年　二九億ドル
二〇〇〇年　四四億ドル
二〇〇一年　二一億ドル

二〇〇二年にレベル3は、負のキャッシュフローが一〇億ドルを大幅に下回ることを見込み、二〇〇三年には五億ドルを大幅に下回り、二〇〇四年にはキャッシュフローがプラスになると発表した。この企業は、キャッシュフローがプラスになるまでの向こう三年間は、緩衝作用の役割を果たす二〇億ドル超を慎重に活用するつもりだと述べた。ドットコム企業の相次ぐ倒産や厳しい市場環境を考慮して、レベル３は非常に保守的な設備投資に転じていたのである。

どの電話会議でも、レベル３の最高経営責任者であるジム・クロウは、キャッシュ不足になることは絶対にないと繰り返し強調していた。キャッシュフローが損益分岐点に達する資金があり、将来の設備投資の八〇％が収益と結びついているのだと力説したのである。レベル３はまた、仮に収益が得られないのであれば、やみくもに資金を浪費しないと念を押したのだ。この企業は、キャッシュ不足に絶対にならない理由と方法について非常に具体的な分析を提供してくれたのである。以下が、二〇〇二年二月二五日にレベル３が行った報道発表の引用である。

レベル３の最高経営責任者であるジム・クロウは「最近の取引や事象をすべて考慮すると、仮にわが社の現在の売り上げ規模が徐々に改善されなかったとしても、ビジネスプランに従った十分なクッションにより、フリーキャッシュフローが損益分岐点を達成する資金をしっかりと確保している」と述べたのである。[4]

アナリストたちは、レベル３がいずれ、約五億ドルのキャッシュ不足になると予測していた。彼らの見通しは収益の減少に基づいていたが、設備投資関連の削減は想定していなかったのである。しかし、レベル３は実質的に設備投資のすべてを収益とリンクさせており、設備投資も大幅に縮小したので、この企業はアナリストの予測を強く否定したのである。

筆者は、この件を調査しながら約三時間ほどかけて、二〇〇一年のレベル３の年次総会のウェブ放送をすべて聞いたが、そのなかにはジム・クロウと行われた内容の濃い、質疑応答のセッションも含まれていた。これらを聞いた結果、私のクロウに対する評価は非常に高くなった。彼は熱烈なバフェットファンでもあり、バフェットの株主志向の考え方を共有していた。レベル３の五〇〇〇人を超す従業員はアウトパフォーマンス型のストックオプション（ＯＳＯ）を保有していたが、ＬＶＬＴの株価がベンチマークのインデックスを上回らないと権利を行使できないのである。

さて、レベル３の創業者・会長はウォルター・スコット・ジュニアだが、スコットはバークシャー・ハサウェイの取締役でもある。バフェットとスコットは五〇年来の知り合いであり、スコットの妻はバフェットの高校時代の恋人なのだ。この二人の男の間には長い付き合いがある。ウォーレン・バフェット以外で「誠実」の代名詞になる男がいるとすれば、それはウォルター・スコット・ジュニアである。この男はウソをつくことができないのだ。彼に言われたものをそのまま銀行に持っていけば、お金に換えてくれるだろう。

一時的にだが、二〇〇一年にレベル３の転換社債は一ドル当たり一八セントまで値下がりした。しかし、ウォール街の予測のうち最も悲観的なものでも、最低三年間は利息を支払っているのである。六％のクーポンで、一ドル当たり一八セントで購入することができるのなら、この企業のキャッシュが空になる前に、購入者は投下資金をすべて回収できることになる。投資家がウォルター・スコット・ジュニアについて何も知らなかったとしても、状況にマイナスになる面はないのである。債券価格が実際にその価格に下がったのは驚きだった。

パブライファンドは二〇〇一年と二〇〇二年に、資産の一〇％をレベル3の上位債と転換社債に投資していた。これは結果的に、ウォーレン・バフェットがレベル3に投資をしたことが最終的に確認される（バロンズ紙の情報は正しかった）約一年前に購入をしていたことになる。現在の利回りは二〇～三〇％で、最終利回りは三〇～四〇％を超えているのである。

二〇〇三年第3四半期に、筆者は債券をすべて売り抜けた。債券価格は一ドル当たり五四セントから七三セントに値上がりしていたのである。さらにだが、パブライファンドはその間、利息を受け取り続け、現在の利回りを二〇％超えていたのである。平均年率は約一二〇％だった。そしてそのほとんどが、長期的なキャピタルゲインの扱いを受けたのである。長期的なキャピタルゲインを確定し、優遇税制措置を受けるために債券の多くをきっちり三六六日間、保有したあとに売却した。

レベル3に関する調査はかなりの時間と労力を要したが、最終的には至ってシンプルな仮説になった。展開しそうなシナリオに対して確率を設定すればよいのである。筆者はこの投資を、以下の四つのシナリオに要約してみた。

1. この投資に関しては、登場人物の顔ぶれが決定的なポイントだった。筆者は、ウォルター・スコット・ジュニアがウソをついているオッズが一％を大幅に下回ると計算したのである。ジム・クロウが記者会見や当該企業の年次総会で見解を述べるときには、ウォルター・スコットが見解を述べているのとほとんど同じなのである。ジム・クロウが公的なファーラムで堂々とウソをつくオッズも一％を下回ると計算した。ウォール街はこの重要な事実にハンディを与えようとすらしなかったのである。彼らにとっては、その業界全体が崩壊しているのだから、業界の人間が何を言おうが関係がなかったのである。しかし、大いに関係があったのだ。

2. もしジム・クロウがウソをついていないのなら、彼の見解どおりに倒産を免れるために最善をつくすだろう。レベル3は、あらゆる手段をやり尽くしてからでないと敗北を認めてタオルをリングに投げて、破産を申告するような企業ではない。これは何を意味するかというと、レベル3はキャッシュフローがプラスになるまでは準備を怠らず、二一億ドルを慎重に活用するだろう。二一億ドルの流動性は、レベル3の債券保有者が最低三年間は利息を受け取ることができるのだということを意味していたのである。

3. 優秀な経営陣は値上がりオプションをタダで与えてくれる。ウォルター・スコット・ジュニアの人物評価には汚点ひとつないのだ。レベル3は一九七〇年代初頭のガイコの状況によく似ていた。当時、バフェットがガイコに投入した資金は二つの結果を導いた。①ガイコが直面していた資金繰りの悪化を解消した、②資金繰りの問題が去ったおかげで株価は上昇し、企業の潜在的なファンダメンタルズに基づいて取引されるようになった。バフェットが、いったんガイコに投資をしたら損をするわけいにはいかない。レベル3にもっと手元現金があれば、債券は額面で取引され、優良顧客を引きつける要素が大幅に高まるのである。ウォーレン・バフェットのような友人やウォルター・スコット・ジュニアの「のれん」により、レベル3は引っ張ればどんな資金繰りの問題も解消できるレバーを複数備えたのである。その後の数年間にレベル3は登場人物の顔ぶれの信用に支えられながら、実際にいくつかのレバーを引いて対策を講じたのである。

4. このシナリオがどう展開するのか筆者は知る由もなかったが、レベル3は二〇〇三年に確かにその「のれん」を活用したのである。私募形式で転換社債の発行を行ったのだ。そして友人であるバークシャー・ハサウェイ、ロングリーフ・パートナーズ、レッグ・メイソン、バリュー・トラストが、数億ドルを投資したのである。いったん、ウォーレン・バフェット、ビル・ミラー、ステーリー・ケイツ、メイソン・ホーキンズが事業支援をしたことが公になると、レベル３が倒産するオッズはほとんどゼロになった。これらの投資家が提供した後光は今後、レベル３が追加資金を必要になっても、多くの投資家から簡単に手に入れられるのだということを意味していたのである。この投資が実行されると債券価格は上昇し、筆者は売り抜けたのだ。二〇〇六年現在、レベル３は破産申請を行っていない。それどころか、レベル３の債券のほとんどが額面以上で取引されているのだ。レベル３を脅かしていた危機は完全に去ったのである。

以上の情報を元に、以下は二〇〇二年に先述した利率六％の転換社債を購入したときの保守的なオッズである。

二〇〇九年に一ドルを受け取り、二〇〇二～二〇〇九年に三〇％以上の利払いを受けるオッズ　五〇％
元本〇・一九ドルを取り戻すオッズ（損益ゼロ）　四五％
〇・一三ドル損するオッズ　二％
全損のオッズ　三％

投資した一九セント当たり一・三六ドルを受け取る確率が五〇％で、元本が保証される確率が九五％であった。これは「コインの表なら勝ち、裏でも負けは小さい！」に聞こえる。ケリーの公式は、このようなよだれの出るような賭けには賭け金の九二％超を投資するべきだと示している。しかし、臆病者だった筆者は運用資金の一〇％だけをレベル３の転換社債に投資したのであった。

利率六％の二〇〇九年満期転換社債は二〇〇一年と二〇〇二年に数日だけ、一八～一九セントの価格レンジに下落したが、同期間、数カ月間は三〇セント未満で取引されていた。その価格なら楽々、数百万ドルを投資できたはずである。三〇セントで購入すれば、以下の大変保守的なオッズになる。

二〇〇九年に一ドルを受け取り、二〇〇二～二〇〇九年に三〇％超の利払いを受けるオッズ　五〇％
元本〇・一九ドルを取り戻すオッズ（〇・一一ドルの損）　四五％
〇・二四ドル損するオッズ　二％
全損のオッズ　三％

以上もまた、よだれの出るオッズであり、ケリーの公式はこの大変有利な賭けに八六％超を投資するべきだと示しているのだ。

フロントライン

リスクと不確実性を区別することができないウォール街の例として特筆できるものに、二〇〇二年第3四半期におけるフロントラインの取引パターンと価格設定が挙げられる。筆者が定期的に目を通している資料のなかに、バリューラインがリストアップしている週間最高配当利回り銘柄がある。一〇～一二％の利回りを配当している企業は通常、ほんの一握りしかない。高い配当利回りはその銘柄が割安である可能性を暗示していることがある。よって、低いＰＥＲや五二週安値リストと並んで見る価値があるのだ。

二〇〇一年に筆者は、配当利回りが一五％を超えている企業が二社あることに気づいた[5]。両社とも原油の海上輸送の商売をしていた。一社はナイツブリッジという企業だった。私はオイルタンカーについて何も知らなかったのだが、この企業の配当利回りがこれほど高い理由や業界全体について調べてみたくなったのだ。そこでそれからの数日をナイツブリッジや原油の海上輸送の勉強に当てたのである[6]。

ナイツブリッジが数年前に設立された当時、韓国の造船所に数隻のオイルタンカーを発注していた。大型の原油タンカー（ＶＬＣＣ）やスーマックスの購入には約六〇〇〇～八〇〇〇万ドルの費用がかかる。また、新規発注して船が納品されるまで通常、二～三年待たなければならないのである。タンカーを手に入れたナイツブリッジは、シェル石油に長期リースで貸し出したのである。取引条件は、シェルがナイツブリッジに対して船を利用しようがしまいが、基本リースレート（例えばタンカー一隻につき一日一万ドル）を支払うというものだった。それに加えてシェルはナイツブリッジに対して、ＶＬＣＣレンタルの基本リースレートとスポット市場価格の差額の何％かを支払ったのである。

例えば、ＶＬＣＣのスポット価格が一日当たり三万ドルだとすると、ナイツブリッジは一日当たり二万ドルを回収することができるかもしれないのだ。同様にスポット価格が五万ドルだとすると、三万五〇〇〇ドルの回収になり、ナイツブリッジは基本リースレートによって、タンカー購入に当てた負債の元本や利払いをほぼカバーすることができた。そしてレートが一万ドルを超すとキャッシュフローがプラスになり、素晴らしいことに余剰資金をすべて株主に配当するようになっていたのである。すべての民間企業がこうすれば良いのにとつくづく思う。

この異例の構造と契約のために、タンカーレートが劇的に上昇すると配当も天井知らずに急騰したのである。そして、通常は一日当たり二～三万ドルのタンカーレートが八万ドルに上昇した二〇〇一年に、実際にそうなったのだ。ナイツブリッジは当時、天文学的な利益を上げており、配当利回りも天井知らずだったのだ。しかしもちろん、この状態が維持されなかったのである。

よって、株価も大幅な伸びは見せなかったのだ。タンカーレートは変動性が極めて大きいのである。ナイツブリッジの勉強をしているときに、筆者は石油タンカーに特化したほかの公開企業も五～六社、調べてみた。配当がゼロになる可能性もあるので、ナイツブリッジは筆者にとって迷わず見送る銘柄だったのである。

しかし、投資においてはどんな知識も徐々に蓄積されていくものだ。筆者はナイツブリッジに投資はしなかったが、原油の海上輸送についてはかなり詳しくなっていた。そして二〇〇二年に、原油の海上輸送業者のひとつであるフロントラインという企業に面白い現象が起きていたのだ。フロントラインはナイツブリッジのビジネスモデルのちょうど逆のケースである。フロントラインは超大型タンカー保有では世界最大手の公開企業である。すべての船がスポット市場で取引されており、長期リースはほとんどない。

保有しているタンカーでスポット市場を自在に運航しているために、収益予想など存在しないのである。この企業の最高経営責任者である本人ですら、四半期先の利益は把握できないのだ。しかしこれは結構なことだ。なぜならウォール街が混乱するときこそ、われわれに金儲けのチャンスがあるのだから。フロントラインは収益が大きく変動する企業なのである。

オイルタンカーのレートは従来、一日当たり六〇〇〇～一〇万ドルの範囲だった。採算を取るには一日当たり約一万八〇〇〇ドルが必要になる。その価格を下回ると赤字経営になってしまうのだ。そして、三万～三万五〇〇〇ドルを超えると巨大な利益を得ることになる。二〇〇二年第3四半期にオイルタンカーのレートが急落した。アメリカの景気後退とその他の理由から原油の輸送量が減少したのだ。レートは一日当たり六〇〇〇ドルに急落した。その価格ではフロントラインは大幅な赤字になっていた。株価は三カ月で一株一一ドルから約三ドルに急落したのである。

フロントラインは当時、約七〇隻の大型タンカーを保有していた。一日当たりのレンタルレートが崩壊したものの、一隻当たりの価格変化はあまりなく一〇～一五％下落した程度だった。オイルタンカーの売買市場にはかなり活発な需要がある。この企業の簿価は一株当たり約一六・五〇ドルだった。船舶のディストレス債権のファクタリングでも、清算価格は一株当たり一一ドルを超えるのである。しかし、株価は一五ドルから三ドルに短期間で下落したのだ（図表13－2参照）。フロントラインは清算価格の三分の一未満で取引されていたのである。

では、巨額の損失はどうなったのか？　清算価値が下落していたのではなかったのか？　フロントラインには、十分なキャッシュと手元流動性があったのだ。よって、資金不足に陥ることなく、一日当たり六〇〇〇ドルのレートでも数カ月間、まかなうことができたのである。そのうえ、船舶を一隻、売却すれば六〇〇〇万ドル稼ぐことができた。年間の支払利息の合計は一億五〇〇〇万ドルだった。一日当たり六〇〇〇ドルのレートでも数年間は年間に二～三隻を売却することで事業を維持できるのだ。

筆者のナイツブリッジに関する調査は、タンカー市場にフィードバックループが存在することを浮き彫りにしていた。タンカーには二つの種類がある。シングルハルとダブルハルである。

図表13－2　フロントラインの2002年第３四半期の売られ過ぎた株価（2006年５月23日まで）

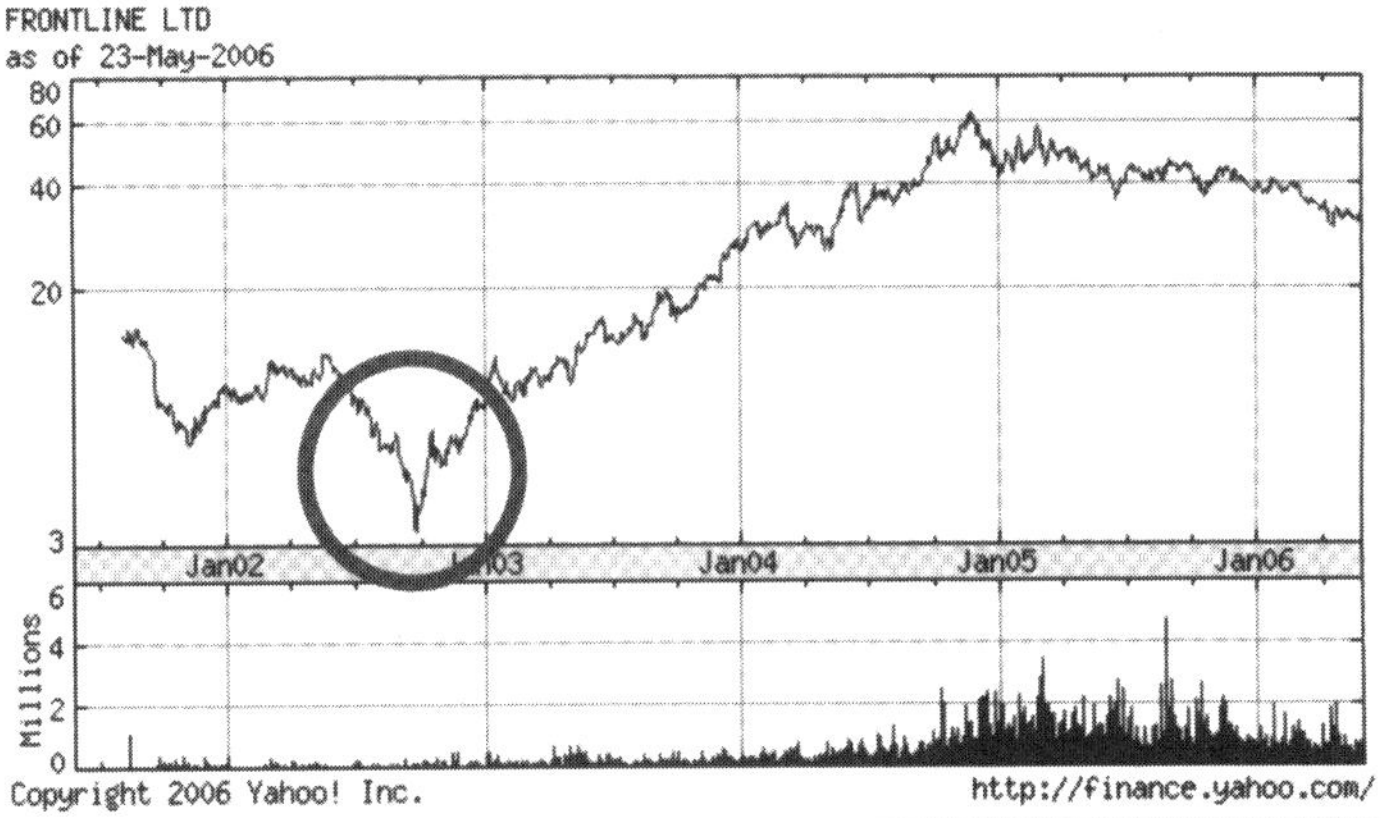

エクソン・バルディーズ号の原油流出事故以来、さまざまな海事規制が設けられて、すべての新しいタンカーは原油の流出を防止するべく二〇〇六年以降のダブルハル化が義務づけられている。フロントラインの全船舶はダブルハルタンカーなのである。

しかし、一九七〇年代に作られたシングルハルの老朽船がいまだに大量に存在し、原油の海上輸送に利用されていたのだ。ダブルハルタンカーのスポットレートが一日当たり三万ドルなら、シングルハルタンカーは通常、二万ドルだった。例えば、中東から中国やインドへ輸送される原油はシングルハルで運ばれている。しかし、いったん原油が流出すると巨大な負担になるので、シェルやエクソンはシングルハルタンカーをリースすることは避けている。第三世界はシングルハルタンカーによる原油の輸入に対して無頓着であり、ダブルハルタンカーはすべてヨーロッパや西側諸国に向けて運行されているのだ。しかし、レートが一日当たり六〇〇〇ドルになった時点でシングルとダブルハルの間のデルタが消えてしまうのである。

一日の料金に、大したデルタが見いだせなくなると、シングルハルタンカーは借りられないようになり、その時点でみなダブルハルにシフトしたのである。シングルハルタンカーは一日当たり六〇〇〇ドルのレートの環境下ではゼロ収益になった。そして、ゼロ収益になるとシングルハルタンカーを保有していた企業は落ち着かなくなっていったのである。船の解体業者に売り払って即座に数百万ドルを手に入れることもできた。彼らはまた、二〇〇六年になれば貸し出し能力も劇的に落ちてしまうのだと知っていた。さらにもし二〇〇六年まで待つと、同時にスクラップされる船の数が増えるのでスクラップ代が非常に安くなるかもしれないのだ。つまり、タンカーのレートが下がったときには、シングルハルタンカーのスクラップ代は劇的に上昇するのである。

新しいタンカーが納品されるまで、二～三年はかかる。需要が回復したとしても、一度、沈んだ生産能力はすぐには回復しないので、在庫は非常に厳しくなるのだ。ここには明確なサイクルが存在する。レートが六〇〇〇ドルまで下がり数週間そのままだと、天文学的なレベル、例えば一日当たり六万ドルまで短期間に急上昇する可能性があるのだ。フロントラインの場合、レートが七～八週間、一日当たり一万ドルを下回り、その後、二〇〇二年の第4四半期に八万ドルに急上昇した。二〇〇二年の世界全体のＶＬＣＣ船舶数は約四〇〇隻だった。そして、過去数十年間、世界全体の石油消費量は年間平均で二～四％上昇してきたのだ。この二～四％は通常はＧＤＰ（国内総生産）成長率に連動している。通常は需要増を吸収するために、年間一〇～一二隻の新船舶が追加されているのだ。しかし、船舶の解体が通常レベルを超えると、船舶数は二～四％のペースで伸びなくなる。石油需要が伸びても船は不足したままなのである。調整可能なのは価格だけなので、急騰するわけである。

レートが高止まりすれば、新船舶の発注も増える。しかし、その増加分は造船所の生産能力の制約を受けるのだ。海運会社はレートの予想がつかない環境のなかで、三年先に入手できる船に七〇〇〇万ドルをつぎ込むことは避けたいと思うものである。しかしそれでも、レートが高いときには発注数も増加する。ここでの調整弁も、レートが急落するときには古い船舶の解体費用が急上昇するのである。

フロントラインの株価が急落する一方で、この企業の会長は公開市場で株をどんどん買っていた。これは常に良いサインである。筆者は二〇〇二年の秋にフロントラインの株を平均価格五・九〇ドルで大量に購入したが、これは清算された場合の一株一一～一二ドルの約半値である。株価が九ドルを超え一〇ドルに近づいた時点で筆者は手仕舞いを急いだ。すべては短期間に起きた現象であり、年率換算で非常に高い投資収益率を生み出してくれたのである。パブライファンドはフロントライン投資から五五％のリターンを得て、年率リターンは二七三％だった。いくつかの資料を読み、原油の海上輸送のカラクリについて猛勉強して行ったほぼリスクフリーな投資としては悪くない結果である。これは典型的なダンドー投資に勝るくらいだ。「コインの表なら大勝ち、裏でも負けはほとんどない！」

スチュワート・エンタープライズ、レベル3、フロントラインはまったく違う分野のビジネスであり、互いに共通点は実質的に何もない。しかし、ミスターマーケットは三社に共通点を作り出したのである。いずれも、大変低リスクで大変高いリターンを得る投資機会を、われわれに数カ月間は提供してくれたのである。損失リスクが実質的にない代わりに、上昇する余地は途方もなく大きかったのだ。典型的な「コインの表なら勝ち、裏でも負けは小さい！」タイプの賭けだが、表になるオッズは五〇％を大幅に上回り、裏になっても差し引きゼロか多少の儲けを出せたのだ。

不安と欲は人間心理の基本要素である。株式市場における売り買いの判断を人間がするかぎりは、株価も人間の不安や欲に影響されるのである。極度の不安が迫ると、非理性的な行動を起こしやすい。その状況下における株式市場は満員の劇場に似ている。だれかが煙を発見して「火事だ！　火事だ！」と叫ぶ。すると出口に人々が殺到するのである。しかし、株式市場という劇場では、だれかがあなたの席を買ってくれないと退場することはできない。どの株もだれかによって保有されていなければならないのだ！　火に包まれた劇場から急いで退場する必要があるときの席の価格はどうなるだろうか？　トリックはその劇場から大量の退場者がいながらも、その火事がボヤかほとんど消火されているのを知っているときにだけ席を購入するべきなのである。貪欲に学びながら忍耐強く待てば、驚くような賭けのチャンスがときどき姿を現すのだ。

第14章

ダンドー403
――革新者よりも成功者をマネたビジネスに投資する

アメリカにおけるモーテルビジネスの素晴らしい経済性に気がついた最初のパテル数人は先駆者であった。そのモデルをコピーした数千人のパテルたちは新しい手法を導入したのではなくて、すでに実績のあるアイデアを単にまねして、発展させ拡大したのである。

南カリフォルニアで最も金持ちな南アジア人はB・U・パテルだが、彼は物静かで控えめな人物である。B・U・パテルは、一九七六年にディズニーランドのすぐ近くにあるカリフォルニア州アナハイムの極めて質素な客室数二〇のデューンズ・モーテルを購入することでビジネスをスタートさせた。[1]今日、彼は大型ホテルを一五軒（客室数一〇三三のアナハイム・マリオットやロサンゼルスのヒルトン・チェッカーズなど）を所有し、現在九軒が建設中である。

三〇年前にＢ・Ｕ・パテルが南カリフォルニアのモーテルビジネスで成功を収め始めたころ、多くのパテルが彼の実践していたシンプルかつパワフルなビジネスモデルを手本とすることができたのである。そして、ほかの四九州にそのモデルを比較的に簡単に適用できたのだ。Ｂ・Ｕ・パテルのモーテルからほんの一・六キロしか離れていない場所に適用しても、彼と正面対決することもなかったのである。

しかし誤解をしないでほしい。これら模倣者であるパテルたちも、一生懸命に働いたのである。しかし、彼らはすでに実践済みで、リスクフリーといってもよいビジネスモデルを実行したわけだ。そしてこのビジネスモデルのパワーは、その数の多さが証明している。実質的に手持ち資金がない難民としてのスタートから、パテルという苗字の人間が今日におけるアメリカのモーテルの実に五軒に一軒を保有するまでになっているのである。そして、この統計にはマニラル・チャウダーリのようにインドのグジャラート州出身だが、パテルではない人々は含まれていない。彼もまたパテルのモデルを慎重に検討して、まねして事業拡大したのである。革新は運任せだが、すでに創造された革新を取り入れ、巧みな模倣者のビジネスに投資をする者が大成功するのである。

ケーススタディー――マクドナルド

ほとんどの起業家は、ほかの既存ビジネスや自分の最後の雇用主からビジネスアイデアを拝借している。レイ・クロックは、カリフォルニア州サンベルナディーノにあるマクドナルド兄弟のハンバーガーレストランのビジネスモデルを大変気に入っていた。[2] 一九五四年に彼はマクドナルドのブランドとノウハウの権利を買い取り、最小限のコストでそれを発展・拡大したのだ。そして、その後の変革や革新は圧倒的な資源に支えられた企業内部からではなくて、土地勘のあるフランチャイズ店のオーナーや競合他社から吸い上げたものなのである。マクドナルドは創業当初にすべてのコンセプトを採用したように、それらを採用するだけの賢さを備えていたのだ。採用した革新の例としては――。

一九六三年にワシントンDCのフランチャイズ店のオーナーがロナルド・マクドナルド（マスコット）を考案した。[3]
一九六三年にシンシナティのフランチャイズ店のオーナーがフィレオフィッシュを考案した。[4]
一九六八年にピッツバーグのフランチャイズ店のオーナーがビッグマックを考案した。[5]
一九七三年にサンタバーバラのフランチャイズ店のオーナーがエッグマフィンを考案した。[6]
一九七五年にアリゾナのフランチャイズ店のオーナーがドライブスルーを考案した。[7]

二〇〇一年にバーガーキングからマイティー・キッズ・ミールのアイデアを拝借した。[8]

ハンバーガー大学のように、多くのオリジナルの革新がこの企業の成功に欠かせなかった一方で、本社の全資源を注いで生み出された技術革新の多くがポシャっているのだ。過去の名だたる失敗例として挙げられるのは――。

フラバーガー（Hulaburger）　一九六三年、レイ・クロックの発案。肉の代わりにパイナップルを一枚はさんだ。当初は、金曜日に肉を食べることを禁じられているカソリック教徒のためであったが、このアイデアはポシャった。[9]

マックリーンデラックス（McLean Deluxe）　一九九一年、この低カロリーのクオーターパウンダーはヒットせずメニューから外された。[10]

アーチデラックス（Arch Deluxe）　一九九六年、この大型ハンバーガーの試みは派手な宣伝活動を伴ったが、ヒットせずメニューから外された。[11]

ケーススタディー――マイクロソフト

マイクロソフトの創業者であるビル・ゲーツとポール・アレンはずば抜けて頭が良く、才能もあり、勤勉だった。マイクロソフトは一九七〇年代に、当時、地平線に現れ始めていた初期のマイクロコンピューター用に、ＢＡＳＩＣ言語を移植する事業からスタートしたのである。創業間もない彼らにとって極めて重要な取引になったのは、ＩＢＭが開発予定だったパソコン（ＰＣ）のためにＭＳ－ＤＯＳを提供することだった。しかし、ここにはひとつの大きな問題があった。マイクロソフトには、ＩＢＭに販売できるようなＰＣに適したＯＳがなかったのである。しかし、マイクロソフトはそこであきらめなかったのだ。

マイクロソフトはまず、ＯＳを開発中なのでＩＢＭが希望する期日に提供可能だと、ＩＢＭを納得させたのである[12]。しかし、これはウソだった。次にマイクロソフトはシアトル・コンピューターという小さな企業から、クィック・アンド・ダーティー・オペレイティング・システム（ＱＤＯＳ）のすべての権利を五万ドルで購入したのだ。ＱＤＯＳはマイクロソフトによって修正が加えられ、ＭＳ－ＤＯＳ、そしてＩＢＭ－ＤＯＳとして生まれ変わったのである[13]。マイクロソフトを飛躍的に拡大させた主力製品はインハウスで開発されたものではない。シアトル・コンピューターのアイデアを拝借したものなのである。

しかしそこで終わりではなかった。一九八一年にゲイツがアップル社を訪問した際に、マックの実物大の模型だけでなく、アップルの二つの画期的な技術革新の産物であったグラフィカル・ユーザーインターフェース（ＧＵＩ）とマウスをチラっと見てしまったのである。このときゲイツは、ＧＵＩとマウスがパソコンの未来を担っていると確信したのだ。一九八三年にマイクロソフトの技術者たちは、シリアルポートを介してマウスを作動させる方法を見いだした。ここでも基本的な技術革新は単に競合者から拝借したものであり、それを飛躍的に発展させ拡大したのである[14]。

このころになるとマイクロソフトは、コンパイラ言語（BASICなど）とOSに関するノウハウを確立していた。しかし、アプリケーションについては技術力もノウハウもなく、ビジカルク（VisiCalc、初期のスプレッドシート）が急速に成長していることに気づいたのである。後のエクセルは実質的にアイデアのすべてを、ロータス1－2－3とビジカルクから拝借したものである。ワードはほとんどのアイデアを当時、大ヒットしていたワードパーフェクトから拝借した。パワーポイントはサンフランシスコの小さなソフトウエア企業が開発したものを、マイクロソフトが買い取ったのである。

また、マイクロソフトはネットワークのノウハウを持っていなかった。一九八〇年代後半～一九九〇年代初頭にネットワークがブレークすると、ノベルのネットウエアが事実上の業界標準になっていた。マイクロソフトはネットワイアとユニックスのネットワークの特徴をほとんど模倣したものを組み合わせて、Windows NTを生み出したのである。結果的に、全市場シェアをノベルから奪い取ってしまったのである[15]。

マイクロソフトマネーはイントゥイト社のクイッケンの刺激を受けた。しかしこれはマイクロソフトが遭遇した数少ない失敗例である。マイクロソフトは結局、マネーをクイッケンほど良いものすることはできなかったのである。最終的に敗北を認めたマイクロソフトはイントゥイト社を買収しようとしたが、この取引は成立せず、マネーはクイッケンに見劣りした製品のままである。ポケットPCはパーム・コンピューティングのアイデアを拝借し、ウィンドウズ・モバイルは実質的にパーム・オペレーティングのコピーである。

ネットスケープのブラウザが登場すると、マイクロソフトは不意を突かれてしまった。彼らはスパイグラスからブラウザのライセンスを取得し、最終的にはマイクロソフトエクスプローラを量産したのである。そして、ネットスケープを打ち負かすために、マイクロソフトはエクスプローラをウィンドウズとセットで売って、事実上、無料で配布したのだ。しかし、これは諸外国政府がマイクロソフトに対して起こした公正取引上の大規模な訴訟に発展したのである。

リストはまだ終わっていない。エックスボックスはニンテンドーとプレイステーションの刺激を受けている。SQLサーバーは、もともとはサイベースから受けたライセンスだった。メディアプレーヤーはリアルプレーヤーによく似ている。そして現在、マイクロソフトが狙っているのはグーグルだ。MSNの検索チームは、グーグルの裏庭であるサンフランシスコのベイエリアに拠点を置いている。マイクロソフトはグーグルから優秀な社員を積極的に引き抜こうとしているのだ。

マイクロソフトは繰り返し、自社の専門外の技術革新に素早く、そして激しく対応することで、競争圧力を無力化してきたのである。自分たちが乗り出す前に、他者の技術革新に対する顧客の評価を確認するのだ。これは非常にパワフルな戦略である。マイクロソフトの元経営幹部から聞いた話だが、マイクロソフトは明確なターゲットがあるときに、特に成功するとのことだった。この企業がネットウエアやロータス1－2－3をターゲットにしたとき、最終製品がどのような姿になるのか、あるいはどれだけの売り上げを目指しているのかに対する、戦略的なあいまいさがなかったのである。

かたや、マイクロソフトがリードし、技術革新を進めようとするときには、必ず行き詰まった。Microsoft.NETも、目的がはっきりしないプロジェクトで、もう何年も大した進展がない。ビスタも革命的だと言われているが、アップル社の現在のラインアップに匹敵するかどうかも疑わしいと、筆者は思っている。

マイクロソフトは素晴らしい模倣者であり事業拡大者なのである。ターゲットを定めた「敵の商品」を絶滅させることに九〇％を超す成功率を収めている。マイクロソフトとグーグルの戦いがどうなるかはまだ分からない。六万人を超す従業員を持つマイクロソフトは、今では残念ながらマイクロソフトが最も嫌っていた官僚組織になっている。筆者が投資対象としてグーグルとマイクロソフトの二社のどちらかを、現在の株価をベースにして選ばなくてはならないとしたら、考えるまでもない。私だったら絶対にマイクロソフトだ。これは革新者とマネをする者同士の戦いなのである。そして巧みなコピーは素晴らしいビジネスなのである。技術革新は運任せだが、成功者のマネは確実なのである。

ケーススタディー――パブライ投資ファンド

筆者はここで、ビル・ゲイツが築いた伝統に従ってパブライファンドも大胆なマネであることを白状したい。一九九九年にパブライファンドを創設するまで、私には金融サービス業界で働いた経験はなかった。しかし、一九五〇年代のバフェットパートナーシップを勉強した際に、大多数の投資信託やヘッジファンドの過去（現在も）の資金運用の方法とバフェットを比較したことがある。その結果、いくつか有益な点が分かったのである。

まず、バフェットパートナーシップは非常に変わった手数料の体系をしていた。彼はパートナーにマネジメントフィーを請求せず、パフォーマンスフィーのみを請求していたのだ。バフェットが最低六％の年率リターンをクリアするまで、投資家は手数料を払う必要がなかったのである。その数字を超えると彼は二五％を受け取り、残りが投資家のものになったのだ。ファンドがある年に一〇％上昇したら、バフェットは一％を受け取った。もし三〇％上昇したら、バフェットは資産の六％を受け取ったのである。私にはバフェットの料金体系が業界のほかのプレーヤーに比べて非常に公平に思えたのである。販売手数料がかからないノーロード型の投資信託のほとんどが儲けを出そうが出すまいが、資産の一～二％を手数料として毎年、請求していた。ほとんどのヘッジファンドが一～二％のマネジメントフィーに「加えて」、利益の二〇％

を請求していた。もし、二－二〇（総資産に対する二％のマネジメントフィー、利益に対する二〇％のパフォーマンスフィー）が手数料前ベースで一〇％上昇したとしたら、手数料後ベースでは、投資家は六・四％しか受け取れないのである。

投資信託をまとめると、あまりに規模が大きいので、全体は市場そのものに見える。そのため、もし投資信託関連の取引コストや手数料がなければ、グループとしてまとめたときに、株式市場の幅広いインデックスに匹敵するリターンが提供できるだろう。このシナリオでは、資産の五〇％がインデックスに出遅れ、五〇％が上回ることになるが、われわれはおとぎ話の世界に生きているわけではない。アクティブ運用の投資信託に投資するには、非常に現実的なフリクショナルコスト（取引コストや分析コスト）を伴うのだ。年間一～二％の手数料（プラス、売買手数料）を織り込むと、投資信託の八〇～九〇％が長期にわたって、市場全体を反映するブロードインデックスに出遅れるのはほぼ確実である。別の言い方をすれば、長期にわたってブロードインデックスに勝つのはファンドの一〇～二〇％しかないということだ。以上の基本的要因によって、投資家はほとんどのアクティブ運用の投資信託よりも、インデックスファンドに投資したほうが得なのである。

バフェットの手数料体系に対する私の見解は、それが非常に公平だというものだった。株が平均して年に一〇％達成するとしたら、典型的な投資信託の投資家は約八・五％儲かるだろうし、典型的なヘッジファンドの投資家は約六・八％（一・五－二〇の体系だとして）、そしてインデックスファンドの投資家は約九・七％儲かるだろう。このシナリオではバフェットパートナーシップの投資家は九％の儲けなので、どのアクティブ運用の選択肢より好成績なのである。

ある年の市場が五％しか上昇しなければ、平均的な投資信託の投資家は三・五％儲け、ヘッジファンドの投資家は二・八％だけになり、インデックスファンドの投資家は四・七％、そしてバフェットパートナーシップの投資家はまるまる五％であり、どの選択肢よりも良い。

バフェットパートナーシップの投資家は、年率リターンが一〇％未満ならば平均よりも低い手数料を支払えばよい。そしてリターンが一二％を超えたときに平均を超す（投資信託との比較）手数料を支払う。バフェットは、年率リターンが五〇％を超えたときだけ一－二〇のヘッジファンドより高い手数料を請求することになるのだ。

筆者は、バフェットの手数料体系には持続的な競争力があると認識している。フィデリティインベストメントでは存在そのものをリスクにさらさずに、年率リターン六％を下回っている状態で手数料ゼロを実現することはできないのだ。コストがかかるインフラやスタッフの数が多すぎるのである。私のなかのコピー魂は何とかしてバフェットのような料金体系のファンドを組成できれば、二つのことが確実になると思えた。一つ目は、経済的な優位性から、かなりの数の投資信託やヘッジファンドの投資家に非常に魅力的に映るだろう。二つ目は、ほとんどの投資信託やヘッジファンドはこの手数料体系を採用することができない――その競争力を認識してもだ。競争相手が真昼間に見ることができて、かつ絶対に渡れない堀を持つのはとにかくファンタスティックであり、希少なのだ。そこで私は、バフェットの手数料体系を大胆にもマネすることにしたのである。パブライファンドを創業して七年になるが、堀は健在だ。そして、資金運用業界には、純粋にパフォーマンスベースの報酬を求めるトレンドは起きていない。以下はバフェットパートナーシップのその他の観察結果である。

●バフェットは実質的にすべての手数料をパートナーシップに再投資していた。やがて彼はパートナーシップ最大の投資家になっていたのである。これはほとんどの投資信託やヘッジファンドには見られないことだ。大半のファンドマネジャーは毎年、手数料を取り出して複数の家やボートや車やジェット機を購入するのに使っている。念を押すようだが、自分のファンドにおけるマネジャー自身の保有分は投資家にとって決定的に重要なのである。このことで、持続的な競争力がもうひとつ創造されるのだ。私にとってこれは簡単にマネることができることだった。もし私の代わりに別のだれかが投資をしたほうがよいと思えるファンドなら、そのファンドを運営する資格は私にはない。自分の投資家すべてに、別のファンドを勧めるべきだろう。この堀もまた健在だ。バフェットやロングリーフパートナーズのように、ほかのファンドや普通株にマネジャーが投資をするのを自粛させている投資信託やヘッジファンドは珍しいのである。

●ほとんどの投資信託やヘッジファンドが、保有株について投資家に詳細な説明を行っている。

バフェットは保有株をほとんど投資家に開示しなかった。今日においてもバフェットが、彼の公開株式のポートフォリオについて語るのはまれである。彼によると投資はスポーツ観戦ではないので、現在または将来の投資について他者に語るのは最も大切な主体的な判断を損なう可能性があるのだ。以下はバフェットのこの件に関する見解である。

公正であるのがわれわれのポリシーではあるが、市場性のある証券の運用状況については法的に義務付けられている範囲でのみ開示する。良い投資アイデアは良い商品や企業買収と同様にまれであり、貴重であり、競争にさらされているのである。[16]

ウォーレン・バフェット

これも筆者はマネをしたのだが、素晴らしい結果になっている。健全な投資にとって主体的な判断は基本である。ポートフォリオのポジションを実況しないことで、雑音や注意を散漫にさせる要素を最小限に抑えられるのだ。以下は、筆者がマネをする価値があると思ったその他のバフェットパートナーシップの特徴である。

●ほとんどの投資信託やヘッジファンドが、大量の銘柄を保有している。典型的な投資信託は八〇を超すポジションを保有する。バフェットはケリーなど知らなかっただろうが、彼にとって集中投資のポートフォリオを運用するのはあらゆる意味で理にかなっていたのである。

私にもこの考え方は魅力的だったので、やはりこれもマネたのである。

●ほとんどのヘッジファンドは大型の機関投資家を顧客にしている。そしてほとんどの投資信託は何千もの個人投資家が顧客である。バフェットパートナーシップはどちらでもなかった。その代わり、約一〇〇家族がファンドの投資家だったのである。バフェットは彼の親しい友人や家族である八人の投資家を顧客として、スタートさせたのだ。彼が生み出した結果が良かったために、その顧客たちが追加投資をしたうえで、ほかの投資家を連れてきてくれたのである。彼らはバフェットの無給の（そして非常に有能な）営業部隊になったのだ。私はこれもそっくりマネた。パブライファンドは八人の投資家でスタートしたが、彼らは主に非常に親しい友人たちである。現在では約四〇〇家族が、さまざまなファンドに投資している。われわれはおそらく、三億ドルを超す資産が世界中の四〇〇家族によって保有されていて、しかも実質的に機関投資家の参加がないおそらく唯一のヘッジファンドだろう。

●バフェットはアナリストもゼネラルパートナーも雇わずに、バフェットパートナーシップを運営していた。すべての投資に必要な調査はバフェットが一人で行ったものである。これは非常にまれなケースである。事実上、すべての投資信託やヘッジファンドが軍隊のような数の投資マネジャーやアナリストを雇っている。パブライファンドはバフェット方式をここでも大胆にコピーした。

パブライファンドは一人の投資チームで運営されている。三億ドルを超す資産を運用している投資信託やヘッジファンドで、一人で運営しているところはほかに聞いたことがない。いや、このスタイルを取り、一九七〇年に終了したヘッジファンドが一つだけあった。バフェットパートナーシップは常に一人で投資を行っており、それはウォーレン・バフェットによるものであった。一九七〇年にパートナーシップを解散したときの資産は一億ドルを超し、二〇〇六年のドル価値では六億ドルを超していたのである。

一九七〇年から現在までで、バークシャー・ハサウェイにおけるバフェット運用下の資産は、一〇〇〇億ドルを大幅に超すほどに膨れ上がっている。今日でさえ、バークシャー・ハサウェイの資産の大半を運用している投資チームの人数はたった一人の個人であり、バフェット自身だ。そして、一〇〇〇億ドルの運用のほかにも、彼は一八万人を超す従業員を抱える北米最大級の企業の最高経営責任者でもある。それに加えて彼は週に一〇～一五時間、ブリッジで遊ぶ時間も確保しているのである。この人物は仮に異なる一〇〇〇億ドルの資産を運用しても、考えるエネルギーを使い果たすことがないのは明らかだ。

チャーリー・マンガーとバフェットが一緒に仕事をしているので、チームの人数は少なくとも二人だろうと異論を唱える者もいるかもしれない。バフェットとマンガーの関係は一風変わっているのだ。マンガーはロサンゼルスに住んでいるが、バフェットは生涯、オマハの住人である。二人は電話で月に何回かは話をするが、実際に会うのは年に三～四回もないだろう。バフェットはときおり、特定の投資や買収についてマンガーに相談することもあるようだが、彼らの関係には以下の二つの特徴がある。

1．バフェットは多くの投資についてマンガーにまったく相談をしない。例えば、バークシャー・ハサウェイにとって過去最大の買収である損害保険のゼネラル・リーを買収したときも、マンガーは取引がほとんど成立するまで進行していることすら知らなかったのである。

2．バフェットはたまにマンガーに相談をすることがあるが、マンガーが否定的あるいは懐疑的なときには結局、バフェットは続行するのである。

これは従来の投資チームではない。コンセンサスがなくても投資を進める二人なのである。一方のパートナーがもう一方に、わざわざ相談をしないケースも珍しくはないのだ。

投資の法則なるものがあるとすれば、それはグレアム、バフェット、マンガーによって書かれるべきものだろう。そして人数の少ないチーム（理想的には一人）がその法則の一つのはずだ。では、どうして投資では判断を下す者が一人というのが、それほど重要なのだろう？

一九六三年にバフェットがバフェットパートナーシップの資産一七〇〇万ドルの四〇％をアメリカン・エキスプレス（アメックス）に投資したケース（第10章「ダンドー301――厳選した少数に賭ける、大きく賭ける、たまに賭ける」）を見てみよう。チャーリー・マンガーが常々言っているように、「逆に、常に逆にして考えてみる！」である。ここに、資産が一〇〇億ドルで、投資専門家が一〇人の投資ファンドがあったとしよう。それぞれの投資専門家の投資成績は素晴らしく、IQは一五〇を超し、彼らの方針は一〇人全員が賛成したときにのみ投資するというものだった。しかしこの、IQが一五〇を超えている一〇人のチームが全員、アメックスは絶対に買うべきだと賛成したり、この大幅に行き詰まった企業に資産の四〇％を投資する可能性は、投資をするという合意に奇跡的に彼らが到達したとしても、あり得ないだろう。

仮に最終的に、この投資チームが資産の五％をアメックスに投資することに賛成したとしても、株価がさらに三〇％下落したらどうするのだろうか？　これは例え話ではない。一九七三年にバフェットがワシントン・ポストのかなりの株式を手に入れたとき、ほとんどの株式を購入した「あと」に株価がさらに半値になったのである。より最近では、USGの株価が一株一八ドルから四ドル未満（七五％を超す下落）にバークシャーの持ち分を購入した「あと」に下落するのを、バークシャーは経験している。その後、一二〇ドル以上に上昇したのだが。

この一〇人のチームを縮小させるにつれて、以上のようなタイプの賭けをする確率も高まるのだ。そしてオッズが高まるにつれて、年率リターンも上昇するだろう。そしてこのリターンは、単独で集中投資をするバリュー投資家がカジを取っているときに最も高くなりやすいのである。

バリュー投資は基本的にコントラリアン（逆張り家）の性質を有している。負の打撃を大きく受けたビジネスに対する投資が、最大のチャンスなのである。ユージーン・F・ファーマやケン・フレンチのような効率的市場説の専門家でさえ、株価純資産倍率（PBR）の最も低い銘柄が最も高い銘柄を一一%上回るパフォーマンスを一九六三～一九九〇年の期間中に示したと結論づけている。もし読者が、一九六三年にPBRが最も高い銘柄（グーグル級の銘柄）に一貫して一万ドルを投資したとすると、一九九〇年には約七万二〇〇〇ドルに成長したと言える。悪くはない。しかしその同じ金額を最も安い銘柄に投資していたら、一九九〇年には九一万五〇〇〇ドルになるのだ。これは統計的にも著しい差である。

しかし問題なのは、PBRが最も低い企業は危険度も最も高いのである。これらの企業に対する投資が明らかに富への切符なのだが、アクティブタイプの投資チームに、この危険で嫌われ、避けられている銘柄を大量に購入するよう説得するのはまず無理だろう。これはまた、ジョエル・グリーンブラットの魔法の公式（**『株デビューする前に知っておくべき「魔法の公式」』**［パンローリング］のなかで強調されている）[17]が労なくして実質的にすべてのアクティブ運用のマネジャーを負かすことができる理由でもある。いずれにせよ、ほとんどのアクティブ運用のマネジャーは魔法の公式タイプの株を大量に購入しようとはしないのだ。以上が筆者がマネをした理由である。

バフェットは投資パフォーマンスの報告をパートナーに対して年に一回だけ、一二月三一日に行っていた。これも非常に珍しいのである。投資信託は毎日、そしてほとんどのヘッジファンドが毎月、報告しているのだ。しかしバフェットの年一回の報告は、完全に理にかなっていると筆者には思える。企業に本当の変化がもたらされるには何カ月も、いや何年もかかるものなのだ。いったんある企業に投資をしたのならば、バリュエーションのデータポイントを年に一回、取ることで満足するべきである。ほとんどの起業家は、自分たちの企業価値が何年も先までどれくらいになるのかは分からないものであるし、いちいち気にしてはいないのだ。パブライファンドはこの理念もほとんどマネをした。われわれは年に一回だけパフォーマンスを報告すればよいのだが、通常、アメリカの投資家にだけ年四回の報告をしている。

バフェットパートナーシップの以上の七つの特徴は、パートナーシップを非常に独特なものにしている。七つの特徴を観察した結果、筆者が得た結論を要約すると、バフェットに以下の三つの素晴らしい結果をもたらしたのである。

1. バフェットにとってぴったりの長期投資家だけを引き寄せた。投資家層はバフェットのルールに基づいて前向きに自主選択をした者たちなのである。
2. 広い堀を形成しているため、競争相手がそれを渡るのは実質的に永久に不可能なのである。
3. 資金運用の仕事を非常にリラックスした穏やかな職業にしてくれた。バフェットは毎日、仕事にタップダンスをしながら通っている。

以上のなかで、筆者が考えついたものはひとつもない。私はただ、バフェットパートナーシップを丁寧に分析して、アイデアを拝借し拡大させることが最適だと気づいただけである。

レイ・クロックやビル・ゲイツはわれわれの時代におけるビジネスの偉大なる成功例であり、彼らは他人の素晴らしいアイデアを大胆にも拝借したのだ。サム・ウォルトンは生涯、ほかの小売業者のアイデアの学習者（そして模倣者）だった。ウォルマートのビジネスモデルのほとんどが、Kマートの模倣である。あなたの周りで非常に成功しているビジネスを丁寧に調べてみると、その多くが他者の模倣であり、優秀な執行者によって拡大されたのだと気づくだろう。

公開株式市場に投資先を見つけるときには、革新的な企業は無視するべきである。他者のアイデアを繰り返し模倣し、拡大する能力を実証している人々によって経営されている企業を常に探すべきなのである。それこそが、ダンドーの道なのだ。

第15章

アビーマンウのジレンマ

――売りのコツ

優れた投資家になるには、株の買いと売りの両方のしっかりとした枠組みが必要になる。本書の14章までは、素晴らしい投資を行うために必要になるさまざまなポイントに焦点を当ててきた。しかし、投資をするだけでは戦い半ばなのである――それは簡単な部分だ。それと同じくらいに、しっかりとした売りの枠組みが必要なのである。株を売るのは買う判断よりも難しい――そこで、しっかりした枠組みとわれらの親愛なる友人であるアビーマンウの助けが必要になってくる。アビーマンウが、本章の主人公である。彼が殉死した理由は、現代の資本主義者が彼の経験から教訓を得て、以前よりも大変優れた投資家になるためでもあると思いたい。

一〇万の節から成る『マハバーラタ』[1]はおそらく史上最高の叙事詩だろう。この物語は約二〇〇〇年前のインドで、サンスクリット語によって書かれている。あらすじは、北インドの二つの王家の間に起こった血なまぐさい同族争いだが、マハバーラタには深い哲学的な教訓が、ぎっしり詰められているのである。同族争いは、ポーンダブス王家とコアルブス王家の間の一八日間の戦争によってクライマックスを迎える。ポーンダブス王家が善人である一方で、コアルブス王家は必ずしも正直者ではない。

	発音
Abhimanyu	アビーマンウ
Arjuna	ルジューン
Chakravyuh	チャックラービュー
Kauravas	コアルブス
Mahabharata	マハバーラタ
Pandavas	ポーンダブス
Subhadra	スーバドラー

戦い一三日目、コアルブス王家は彼らの軍隊をチャックラービューと呼ばれる恐ろしい戦闘

図表15－1　チャックラービューの戦闘隊形

隊形に整えていた。巧妙に築かれたチャックラービューは、アルケミデス・スパイラル（**図表15－1**）でもあり、突破するのが事実上できないのである。コアルブスの戦闘隊形はポーンダブス軍に大打撃を与え、ポーンダブス軍の指導者は膨大な人的被害に当惑し始めていた。

ここで物語は一六年前に、フラッシュバックする。クリシュナ神が彼の妊娠中の妹スーバドラーに、渦巻状のチャックラービューを中心まで突き崩す方法について説明するシーンに切り替わるのだ。チャックラービューを突き崩して中心まで通り抜け、最終的にそこから抜け出せるのなら、中心にいる敵の指導者を制圧するのに非常に効果的であり、相手側の兵卒は集団パニックを起こして混乱するはずなのである。しかし、これは口で言うほどたやすくはない。そのような通り抜けは事実上できないと思われていた。

クリシュナ神は、チャックラービューを突き崩して中心まで通り抜ける方法について、妹に詳しく説明したのである。しかし、渦巻状のスパイラルから無事に抜け出せる方法について説明しようと思ったところで、その話に退屈した妹が寝てしまっているのに気づく。聞き役を失ったクリシュナ神は話を途中で切り上げるのであるが、その話に興味を持った聞き手が実はいたのだ。母親の胎内では、アビーマンウがこの会話を熱心に吸収していたのである。

アビーマンウの父親であるルジューンは世界で最も優れた弓の射手だった。その父親の跡を継いだアビーマンウは、一六歳という若さですでに優秀な戦士に育っていたのだ。自分たちの軍が大きな損害を負っているのを知った彼は、中心に到達してもそこから抜け出す方法は分からなかったのだが、自らチャックラービューを突破すると申し出たのである。追い詰められていたポーンダブスの指導者は不本意ながらも彼の突撃に同意し、後方からしっかりと支援する計画を立てたのであった。

クリシュナ神が話していたコツを思い出したアビーマンウはチャックラービューへの侵入に成功し、目の前に立ちはだかる何十人ものコアルブス兵士を殺害しながら、中心まで素早く進行したのである。ところが、コアルブス側はアビーマンウの侵入直後にチャックラービューを封鎖したために、彼以外のポーンダブス兵士があとから続くことができなかったのである。中心では、コアルブス軍の最も優秀な戦士九人がアビーマンウ一人と戦っていた。渦巻状のチャックラービューから抜け出す方法が分からないまま、中心にとどまったアビーマンウは九人を相手に勇敢に闘ったが、最終的には傷を負い命を落としてしまうのである。

戦い一三日目のアビーマンウのジレンマは、株式投資家が毎日のように直面する決断の問題によく似ている。チャックラービューへ侵入し、通り抜け、そして最終的に抜け出すための決断は特定の銘柄を買い、保有し、売り抜けるタイミングを決断するのに似ている。アビーマンウがわれわれに伝えている教訓は、株式を買おうと思う前にまず明確な出口戦略を持つべきだということだ。

参入するべきか、せざるべきか――それが問題だ

本書の大部分は、株を購入する際に重要になるさまざまなポイントに焦点を当ててきた。これはけっして要約ではないのだが、どんな株式市場のチャックラービューに参入する前でも、投資家が念頭に置いておくべき七つの確認点がある。

1. それは私がよく理解している企業で、自分の知識の範囲内にしっかりと収まっているか（サークル・オブ・コンピタンス）？
2. その企業の現在の本質価値を知っており、かなり高い自信を持って向こう数年間でどのように変化する可能性があるか理解しているか？
3. その企業は現在かつ二～三年後の本質価値よりも大幅に割安になっているのか。それは五〇％を超えているのか？

4．自分の自己資本の大半をこの企業に投資する覚悟があるか？
5．損失リスクは最小限か？
6．その企業に堀はあるか？
7．その企業は有能で正直な経営者によって運営されているのか？

上記の七つの質問に対する答えがすべて明確に、「はい」のときにだけ株を購入するべきである。もしあなたが十分に理解している企業の価値が現在から二～三年後の潜在的な本質価値よりも半値以下で、しかも最小限の損失リスクで売られているのなら買うべきである。そうでないのなら、そのチャックラービューへの侵入はパスするべきだ。これから先にもっと良いチャンスがある。

スパイラルを通り抜ける

一〇ドルで買った株が八ドルに下落すると不安になり、負けている銘柄を売り急いで、次の勝ち銘柄を探し求める投資家が多いのには驚かされる。彼らは中心にある報酬に引きつけられてチャックラービューに侵入したのに、最初のリングを通り抜ける前に大負けしているのである。

図表15－2　ガソリンスタンドのDCF分析

年	フリーキャッシュフロー（ドル）	将来のキャッシュフロー（10%）の現在価値（ドル）
2007	100,000	90,909
2008	100,000	82,645
2009	100,000	75,131
2010	100,000	68,301
2011	100,000	62,092
2012	100,000	56,447
2013	100,000	51,315
2014	100,000	46,650
2015	100,000	42,410
2016	100,000	38,554
2017	売却価格 1,000,000	385,543
合計		**1,000,000**（四捨五入）

分かりやすくするために、二〇〇六年末に近所のガソリンスタンドが売りに出され、所有者は五〇万ドルの売り出し価格を付けたとしよう。さらに、一〇年後にはそのガソリンスタンドが一〇〇万ドルで売却することができるとする。フリーキャッシュフローとはその事業から引き出せる資金のことだが、それは向こう数年間は年間一〇万ドルだとする。割引率が一〇％と仮定すると、このガソリンスタンドの本質価値はいくらになるだろうか？

図表15－2が示すように、ガソリンスタンドの本質価値は一〇〇万ドルである。ガソリンスタンドはわずか五〇万ドルで売りに出されているのである。すごい取引だ！

さて、このガソリンスタンドの現在の本質価値（一〇〇万ドル）が分かっており、五〇％オフで購入できるのだから素晴らしいじゃないか。そこで、投資をすることにする。それから二年がたち、だれかが九五万ドルでこのガソリンスタンドを購入したいと言ったとする。さてどうするべきだろう？　再度、本質価値の計算をしてみればよいのである。キャッシュフローが安定したままで、本質価値が依然として一〇〇万ドルだと仮定する。そのうえ、われわれは過去二年間は二〇万ドルの配当を受け取ることができた。提示価格が本質価値の九五％だとすれば、考えるまでもなく売りである。最終的な採算は以下のとおりだ。

投資資金	五〇万ドル
合計収入	一一五万ドル
年率換算の投資収益率（年率リターン）	五〇％超す

本質価値から大幅に値引きされた価格で購入したために、ガソリンスタンドが投下資本に対して一〇％のリターンしか生み出していなかったのにもかかわらず、われわれは五〇％超の年率リターンを得ることができたのである。

余談だが、ガソリンスタンドにケリーの公式を当てはめてみると、投資期間二～三年に対する保守的なオッズは以下のとおりになる。

三年以内に二倍以上のリターンを得るオッズ　八〇％
三年以内に損益ゼロ～二倍のリターンを得るオッズ　一五％
三年以内に全損または損益ゼロのリターンを得るオッズ　五％

保守的であるに越したことはない。上をさらに単純化してみよう。

三年以内に二倍のリターンを得るオッズ　八〇％
三年以内に損益ゼロになるオッズ　一五％
三年以内に全損するオッズ　五％

これは非常に有利な賭けであり、この投資案件に手持ち資金の八八％超を投資するべきだとケリーは示している。これは分かりやすいケースである。では、もっと厳しいシナリオを考えてみよう。

石油が一バーレル一五〇ドルに高騰したために、ガソリンスタンドのキャッシュフローが劇的に減少したらどうするのか？　このケースでは、ガソリンスタンドを購入した約半年後に、だれかが一五万ドルでガソリンスタンドの年間のキャッシュフローはわずか二万ドルである。ガソリンスタンドを引き受けてくれると申し出たとする。売るべきだろうか？

人間と同じように、ビジネスにも浮き沈みがある。将来がどう展開するのかを確実に見極めることはできない。このケースでは、ガソリンスタンドを購入した時点での石油価格が一バーレル五〇ドルだったのが一五〇ドルに高騰したために、販売量と収益が大幅に減少したのだ。状況の変化にガソリンスタンドのビジネスが適応する時間を与えるべきである。石油価格はまた下がるかもしれないし、消費者がそのうちにその価格に慣れてしまうかもしれないし、政府が補助金を出すかもしれない。チャックラービューを通り抜ける際の最も重要なルールは、現在の本質価値が現行の市場価格よりも低いのだとかなり高い確信を持って言えるとき以外は、あなたが購入したどの銘柄も、購入した二～三年以内に損失を出して売却してはいけない。

このルールをガソリンスタンドに適用してみると、現在の本質価値はおそらく二〇万ドル以上である。一五万ドルの提案をパスするのは考えるまでもない。次に、本質価値を固定することは高い確信を持ってできない。本質価値が少なくとも二〇万ドルには見えるが、石油価格が元に戻れば、本質価値もいとも簡単に一〇〇万ドルに戻るかもしれないのだ。本質価値の将来予想は二〇万～一〇〇万ドルの間だろう。ガソリンスタンドを今日、損失を出して売却してはいけない理由は以下の三つである。

1. 購入してから二～三年に満たない。
2. 高い確信を持って現実的な本質価値をはじき出せない。

3．現在の本質価値の保守的な予想よりも、提示されている価格がはるかに低い。

以上の必然的帰結としては、株を購入した二～三年以内に損失を出して売却してもよいのは以下のケースのときだけである。

1．現在と二～三年後の本質価値をかなり高い確信を持って予想できるとき
2．提示された価格が現在や将来の予想本質価値を上回っているとき

われわれの頭脳は何百万年も進化を遂げてきたが、市場の気まぐれに適応する進化は不十分なのだ。ライオンが叫び声をあげると、われわれの頭脳は走れと命令するのである。処理するまでもなく、走り始めてしまうのだ。株価が劇的に下落したときに、われわれに迫る不安はライオンの叫び声を聞いたときに似ている。直感によって負け株を売り、それを保有していたという記憶すら一掃して、逃げてしまう。これが、投資家のほとんどが株式市場指数を下回っている主な理由なのである。彼らは上昇した銘柄を購入するのに熱心で、大幅に下落した銘柄を売るのに懸命になる。混乱したわれわれの頭脳を補うには合理的なチャックラービューの通り抜けルールを導入して、合理的な行動を助長する必要がある。

投資家として成功するカギは常にその価値を下回る価格で資産を購入し、永続的な実現損失

を絶対的に最小化するようにこだわることにある。ウォーレン・バフェットの二つの本則は――。

ルールその一　絶対に損をしないこと

ルールその二　その一を絶対に忘れないこと[2]

公開企業の評価がわずか数分で劇的に変わる一方で、企業が本格的に変化するには数カ月どころか数年はかかるのである。ガソリンスタンドのキャッシュフローは劇的に減少し、将来は不透明である。どんよりとした雲が晴れるまで、辛抱強く待つ必要がある。二～三年もすれば、石油が一バーレル一五〇ドルかそれ以上にとどまりそうなのか、政府が介入して支援策を講じるのか、消費者の節約パターンが一時的なのか永続するのか、ほかの商品やサービスに重点を置くようにビジネスモデルを転換できるのかなどが明確になるだろう。

二年がたち、キャッシュフローがいまだに年間二万ドルなら、ほかに有力な投資選択肢があって売却による収入が必要になるときだけ、二〇万ドル以上で売却することも検討するべきである。そして、三年が過ぎたときにはすべてのカセを外して構わない。その時点になれば、仮に大きな損失だとしても、私ならどんな手ごろな価格でも売却する意思を持つだろう。市場はおおむね効率的であり、大抵の場合、いったん雲が晴れると割安な資産は上昇し、その本質価値（またはそれを超えて）で取引されるようになる。そして不確実性という雲の大半は二～三年で消えるのである。

この三年ルールは、われわれが単純に本質価値を間違えたときにも、ポジションを手仕舞うときにも役立つ。出口戦略を持たないまま、本質価値に収束するまで常に待ったとすれば永遠に待たされるかもしれないのだ。そして、待つことは非常に高くつくのである。それは資産を別の投資に回すチャンスを犠牲にするコストである。よって、特定の銘柄がその本質価値に収束するまでの時間枠の許容と、際限なく待つことの間にバランスが必要になる。

ではどうして二～三年なのか？　どうして二～三カ月や、五～六年ではないのか？　筆者にはこの期間が二～三年であるべきだという厳密な証拠があるわけではない。数カ月が不十分なのはだれにでも分かるだろう。本格的にビジネスを変革するには時間がかかるのである。CEOがキーマンの引き抜きや特定の市場への参入あるいはそこからの撤退を計画していたとしたら、それは数カ月どころか一年、いやそれ以上の期間がなければ達成できない。同様に、先述したガソリンスタンドはビジネスモデルが打撃を受けているのである。どんよりと重くのしかかった雲が晴れるか、少なくとも薄れるまで待つ必要がある。しかし雲が晴れるまで、または事業変化が目に見えるまで五～一〇年も待つのは長すぎる。待つことは非常に高くつくのだ。

もしガソリンスタンドを一〇年間、持ち続けて最終的に配当を含めて一〇〇万ドルを取り戻してから、その収入を向こう一〇年間、年率リターンが一二％になる別の投資に再投資したとすると、二〇年後の合計資産は約三一〇万ドルになる。代わりの案として、二年後にガソリンスタンドを七〇万ドルで売って、その収入を向こう一八年間、年率リターン一二％に投資したとしたら、約五四〇万ドルが手に入ることになる。つまり、二年を過ぎたらガソリンスタンドを四〇万ドル以上の価格で売れば、一〇年間持ち続けたあとに一〇〇万ドルで売るよりも得になるのだ。失われてしまった複利期間を補うのは非常に難しいのである。忍耐強さは必要だが、際限なく待ってはいけない。筆者の結論としては、負け株にとってちょうど良い調整期間が二～三年なのである。

筆者が最近読んだバリュー投資の本で最高だったのは、ジョエル・グリーンブラットの『**株デビューする前に知っておくべき「魔法の公式」**』[3]（パンローリング）である。読者はこの本をすでに読んでいると想像するが、魔法の公式はどの銘柄もきっちり一年間、保有するよう呼びかけているのだ。いったん、魔法の公式銘柄を購入したら株価が下がろうが上がろうが、アルゴリズムに従って一年間は売ることができないのである。魔法の公式銘柄とは、つまりディープなバリュー銘柄である。これは、ライオンがすでに叫び声を上げげて株価が急落した銘柄を指している。魔法の公式が効果的な理由は、すべてではないがほとんどの雄たけびが一年で終了し合理性が広がると最終的には市場を大幅に上回る年率リターンを達成するからだ。一年は非常に良い保有期間だが、もし読者がその銘柄を購入する前に、その企業について十分な知識を持っているのなら、それよりも長い保有期間も適格であり正当化されると筆者は思う。魔法の公式が提案しているのは、あなたがまったく知らない銘柄を購入しても一年間は持ち続けよというものだ。しかし実際によく知っている企業なら、それ以上の保有期間を望んでも論理的な意味を持つのである。

もしあなたが潜在的な本質価値について高い確信が持てるのなら、それが負け株であっても二〜三年以上持ち続けるのは自由であるが、金銭の時間的価値を常に認識しておくべきである。失われた複利期間を補うのは非常に難しいのだ。二〜三年のルールは、ライオンが叫び声を上げたときにわれわれが逃げ出すのを止めてくれる。市場に悲観論がまん延したときに投げ売りをするのを回避してくれるのである。

ライオンの雄たけびの好例は、筆者が過去四年間で経験したユニバーサル・ステンレス・アンド・アロイ・プロダクト（USAP）のジェットコースター並みの乱高下である。

ユニバーサル・ステンレス・アンド・アロイ・プロダクト

ユニバーサル・ステンレス・アンド・アロイ・プロダクトは、一九九四年に創業された（**図表15－3参照**）。創業以来、電力発電、航空宇宙、重機製造など、ニッチ装置に利用される特殊鋼材の製造に特化してきた。この企業には製造工場が三つあるが、すべて操業休止した工場をただ同然で購入したものである。ユニバーサル・ステンレスは、三つの工場を合計一〇〇〇万ドルで購入した。そして生産性を高めるためにこれまで、合計六八〇〇万ドルを設備投資に費

図表15－3　ユニバーサル・ステンレスの株価チャート（1995-2006）

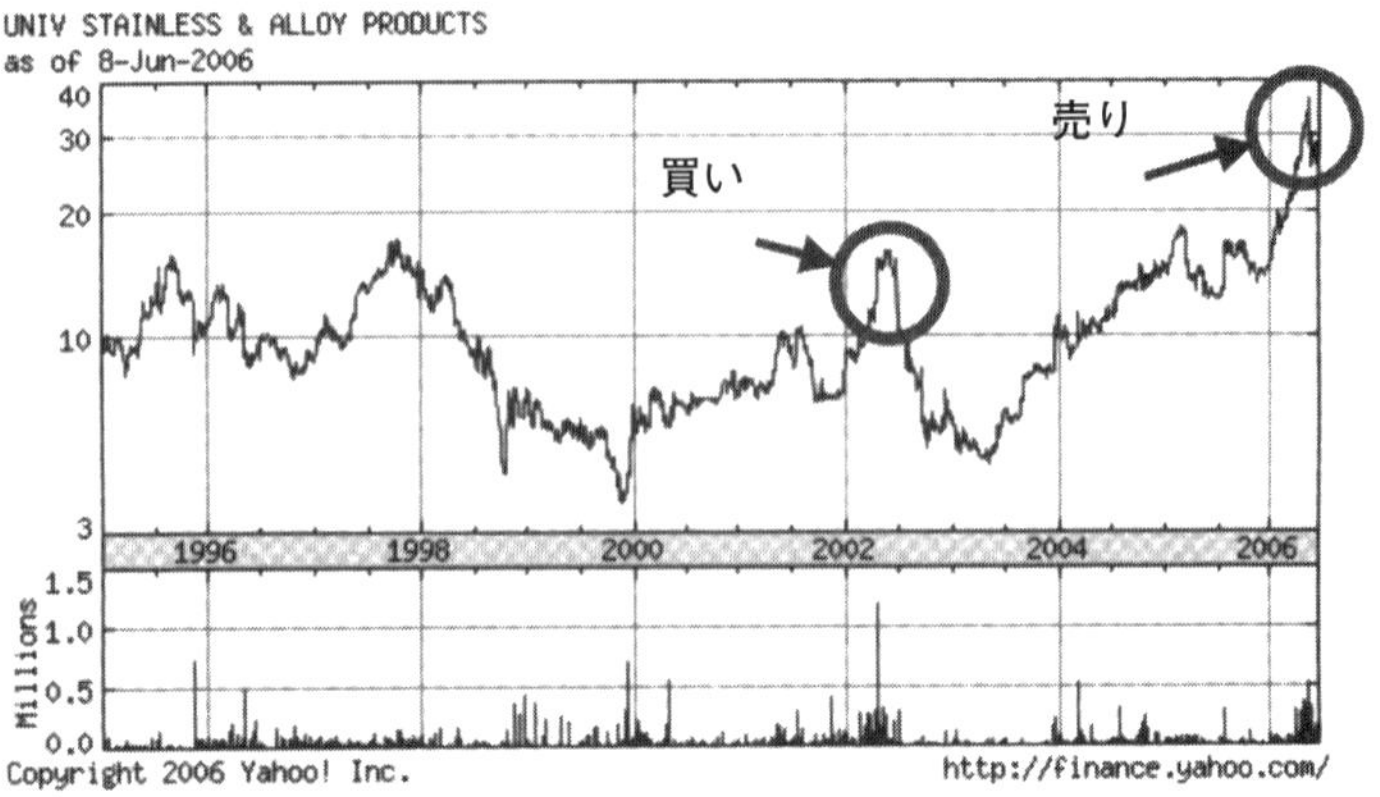

© 2006 Yahoo! Inc. YAHOO! and the YAHOO! logo are trademarks of Yahoo! Inc.

やしてきたのである。[4]

筆者はこの企業が、ニューヨーク州ダンケルクにある三番目の工場を購入した直後から興味を持ち始めた。購入されたとき、三つの工場には共通した特徴があった。

1. 労働協約が柔軟だった
2. レガシーコスト（年金や医療保険）や環境賠償責任が存在しなかった
3. 買収価格がゼロかそれに近かった

ダンケルクは四〇〇万ドルで購入されたが、四〇〇万ドル分の超過資産や在庫も含まれていたのだ。さらに、ユニバーサル・ステンレスは一〇〇万ドルだけ現金で支払い、残りは五％の利付き一〇年債の形で支払ったのである。実質的にタダで工場を手に入れたのだ。

ダンケルクの買い取りの前のこの企業の二〇〇一年の株価は一・二六ドル、そして一株当たり簿価（大幅な過小評価）は九・二八ドルだった。ユニバーサル・ステンレスの最高経営責任者であるクラレンス・「マック」・マックアニンチは、かつてダンケルク工場を建造したアルムコ・スチールの経営陣でもあった。彼は個人的にダンケルクに詳しかったのである。ダンケルクは一時、一億ドルの収益を生み出しており、増強して一億五〇〇〇万ドルを生み出す余地もあった。売り上げが一億～一億五〇〇〇万ドルとなれば、USAP一株当たり利益（ダンケルクだけで）は一・五〇ドルを超え、二・五〇ドルに上昇する可能性があったのである。

操業休止した製鉄工場を破格の安さで手に入れたマックのダンドー手法は、われわれのヒーローであるラクシュミ・ミッタルを連想させる。第4章（ミッタル・ダンドー）で見たようにミッタルも、臨機応変な経験主義をベースとしたダンドー手法——タダか、それ同然の価格で手に入れる——によって世界で最も裕福な人物の仲間入りを果たしたのである。マックとミッタルの祖先の遺伝子に何らかの共通項があるに違いない。マックのダンドー的な姿勢が、USAPをさらに大量に購入する気に私をさせたのである。

ダンケルクの買い取りによって、ユニバーサル・ステンレスは数年以内に一株当たり利益が二・七五～三・七五ドルになるのも容易であった。そしてこのようなビジネスは、余剰資本が仮になくても、一株三〇ドルをはるかに上回る可能性が高かったのである。もしダンケルク工場を増強して一億五〇〇〇万ドルを生み出すことが実現し、規模の経済が達成されれば、一株当たり利益は四ドルに近づき、この企業の本質価値は一株四〇～五〇ドルに匹敵するほどになるかもしれないのだ。これはかなり高価な資産を、タダ同然で手に入れることに成功した企業だったのである。彼らの資金調達方法は保守的であり、優秀な経営陣もそろえていた。そのうえ、特殊鋼材は汎用圧延鋼材と違ってプレミアム価格が付くし、限られた製鉄工場しか製造していなかったのである。さらに、ダンケルク工場の買い取りによって買収前には大量の半製品だったものが、ダンケルクにあるほかの二つの製鋼所で生産された生産物を新しい工場でさらに加工することができるようになったために、最終製品を市場に提供することができるようになったのである。以上はすべてプラス面である。

マイナス面は、これが依然として鉄鋼業である点である。循環産業であるために変動しやすく、予測がつかない需要と供給の影響を受けやすかったのである。そのうえ、ダンケルクは操業を再開するために資金が必要であり、年間売り上げが最低二五〇〇万～三〇〇〇万ドルになるまでは赤字を抱えることになる。USAPの一株当たり利益が近い将来、最終的に上昇するまでは減少する可能性があったのだ。

しかし全体として筆者は、この賭けをする価値は非常に高いと思った。パブライファンドは二〇〇二年の四月に、初めてユニバーサル・ステンレス株に投資をした。われわれは最初の持ち分を一株一四～一五ドルの価格で購入し、運用資産の一〇%をUSAPにつぎこんだのである。こんな確実なチャンスを取り逃がすわけにはいかない。

一年、早送りしてみよう。USAPは一株五ドルで取引されており、われわれの購入価格から六〇％以上下落（痛っ！）していた。当該企業は一二カ月間ベースで二〇〇～三〇〇万ドルを失っていたのである。そして実質的にダンケルクがすべての損失の原因だった。年間収益予測値はわずか二〇〇〇万ドルだったのである。電力発電や航空宇宙市場が失敗し、売り上げが減少するなかでUSAPのほかの工場は辛うじて採算をとっていた。ダンケルクを除外すると、この企業の年間収益予測値は四〇〇〇万ドルでしかなく、これは一年前の七〇〇〇万ドル超からの下落である。さて、筆者はどうするべきか。もっと買うべきか、売るべきか、保有するべきか？　ライオンは明らかに雄たけびを上げていたのである。

この時点で、われわれはチャックラービューのなかに深く入り込んでしまっており、敵は優勢で、われわれの命を奪おうと迫っているように見えた。生き残るには（もちろん、勝利を手にするには）、落ち着いてチャックラービュー・スパイラルの通り抜け、アルゴリズムに従う必要があるのだ。

アルゴリズムに基づいた答えは明白だった。鉄鋼業界全体が不振だったのである。これはUSAP一社の問題ではなく、業界全体の低迷だった。この時点では本質価値も非常に怪しげで、予測ができない状態だった。しかしこの事業の周期的な特徴を考えると、需要が回復すれば状況が改善される可能性は十分に高かったのだ。かなりの含み損だったが、二年はたっていなかったので、本質価値を見極めるのは難しかったのである。これは、チャックラービューの中心で激しい戦いに巻き込まれている典型的な兆候だった。生きて脱出するのに賭けるのなら、答えは明確だった――何もしない。ただ保有する。筆者の母親が常々言っていたように、「時が癒やしてくれる！」。

もう一年早送りしてみよう。現在は二〇〇四年四月である。株は一株一〇～一一ドルで取引されている。ダンケルクの年間収益予測値は二七〇〇万ドルで儲かっていた。残りの事業は、年間収益予測値が六〇〇〇万ドルで儲かってはいたが、二〇〇一年レベルには戻っていなかった。企業全体の年間収益予測値は八五〇〇万ドルで、次の四半期の売り上げが二九〇〇万ドルに達すると発表（これまでは数値を低めに操作する傾向があった）していたが、これは年間収益予測値が一億二〇〇〇万ドルに近いことを意味していた。これは大幅な改善である。企業マインドの改善は、受注残高の増加がひとつの理由だった。再び同じ質問だが、筆者はどうするべきか？　二年はたっていたが、われわれはいまだ元本を割り込んでいたのだ。本質価値は以前よりは明らかになりつつあり、この企業の猛烈な成長戦略によって、大幅な遅延ではあったが、われわれの当初の投資計画が辛うじて実現するかもしれないことを示唆していたのである。筆者は、本質価値が一株一一ドルを大幅に超えている可能性があると推定した。しかし、どうやら市場はＵＳＡＰの明るい未来に、報償を与えるのには消極的なようだった。市場は様子見の姿勢を取っていたのである。

ＵＳＡＰを覆っていた雲の大部分は消えていた。しかし、われわれは依然として含み損を抱えていたのである。USAPの将来は非常に明るく見えたが、筆者はいつまでも資本を失うことには非常に慎重であった。バフェットのルールその一とその二を常に中心に置いておく必要があるのだ。私は様子見のアプローチを選び、あと何回かの四半期が過ぎるのを待つことにしたのだ。三年が終了するまで、まだ一年あったのである。

二〇〇五年初頭に、USAPの株は一株一五ドルを超えた。約三年間の非常に厳しい戦いの末、やっとプラスの領域に入れたのだ。これでいくつか良い選択肢が出てきた。

●儲けがわずかでも売る
●もっと買う
●何もしない

二〇〇五年の一月、USAPの年間収益予測値は約一億五〇〇〇万ドルで、年間純利益が約一〇五〇万ドルだった。受注残高が約七二〇〇万ドルで、これは創業以来、最高の数字である。この企業の工場はすべてフル稼動していたのである。彼らは顧客に対して定期的に値上げや追加料金を要求していたが、反発はほとんどなかった。ダンケルクの年間収益予測値は四二〇〇万ドルになっていた。そして今後の数年間で売り上げを二～三倍にするための広い滑走路が目の前に広がっていたのである。三年近くの激しいチャックラービューの戦いの末に、やっとわれわれの当初の投資計画が実現されつつあった。

二〇〇五年五月にこの企業は真空アーク再溶解の六基目の溶鉱炉を導入するため、設備投資に二五〇万ドルを費やすことにした。筆者にはそのような溶解炉が何なのか、あいまいな（よくても）知識しかなかった。しかし、マックとの電話会議を通じて、この企業が一株当たり利益（EPS）を年間〇・五〇ドル伸ばし（すごい！）、溶解炉も一年以内に元を取るつもりなのだということは分かった。ある企業が特定の資産に二五〇万ドルを費やし、その設備投資から最初の一年だけで三〇〇万ドル以上を回収するのなら、株主にとってそれが本質価値を伸ばすうえでどれだけすごいことなのかは、エクセルがなくても分かるのである。

しかしこれだけ良いニュースをテレビ会議や報道発表で出しても、USAPの株価は二〇〇五年を通して一株一〇～一七ドルで低迷していた。言うまでもなく、パブライファンドは二〇〇五年を通してUSAP株のポジションに追加するべく、株価が下落するたびにできるかぎり購入したのである。そして、二〇〇五年末にはUSAPを一〇％弱保有していた。この時点でわれわれはチャックラービューを無傷で、しかも敵にかなりの打撃を与えて脱出するポジションを確保していたのだ。

二〇〇六年にこの企業は、二〇〇七年までにフル稼働する真空アーク溶鉱炉をもう一基追加すると発表した。個人的には、もしマックがこれらの溶鉱炉を一日二四時間、一週間七日、三六五日、フル稼働できるのであれば、彼が欲しいだけ溶鉱炉を増やせばよいと思った。二〇〇七年の本質価値は、循環要因があるにもかかわらず一株三五ドルを無事に超えたのである。パブライファンドは、株を売却して得た収入を投資する別の銘柄があるのなら、USAP株が本質価値の九〇%（三一・五〇ドル）を超えた時点で売り抜けることに決めた。そして、本質価値の一〇〇%になれば、ほかに投資する銘柄の有無にかかわらず売却するつもりだったのだ。非常に長くて厳しい戦いであった。

二〇〇六年四月にUSAP株は初めて三一・五〇ドルを付けたので、われわれの大きなポジションの手仕舞いを始めた。五月になると株価は一株三五ドルを超えたので、一日平均売買高の二〇～三〇%を超えないように、また株価に影響を与えずに、できるかぎり手仕舞いを急いだ。スミスバーニーのトレーダーたちは、われわれの手の内がばれる前に保有分をうまく売り抜けてくれたのである。

五月半ば、世界中の株式市場が急落したなか、USAP株も一株三六ドルから二三ドルに下落した。そして三一・五〇ドルを下回ったところで、パブライファンドは売るのを止めたのである。本書を書いている時点で持ち株の約六〇%を売却し、平均利益率は一〇〇%を超したが、残りは株価がUSAPの保守的な本質価値の最低九〇%に上昇した時点で売る計画である。USAP持ち分は部分的に四年近く保有されたことになり、年率約一九%の売却利益率を生み出していた。それ以外は一年だけ保有され、年率の売却利益率は一〇〇%だった。全体として見れば、ホームランではないが、十分に妥当な結果だったのである。

筆者は、以後もＵＳＡＰのビジネスに対するモニターを四半期ごとに続け、大きな進展があれば必要に応じて本質価値を修正するつもりだ。この文章を書いている二〇〇六年六月一九日の時点で、ＵＳＡＰ株は一株二五・六五ドルで取引されている。市場は製鉄会社のファンダメンタルズの悪化を懸念している。しかし、ＵＳＡＰは典型的な製鉄会社ではない。業界の大きな動向の影響は受けるが、それ以外はあまり影響されないニッチな分野なのである。航空宇宙業界やエネルギー業界の顧客は最良の年を迎えている。そして、ＵＳＡＰの将来の見通しはかつてないほど良いのだ。受注残高も今までで最高である。過去数週間は原材料の投入価格が大幅に下落したが、二〇〇六年七月以後、製品の値上げを実施すると発表している。両方の真空アーク溶鉱炉は二〇〇七年一月までにフル装備で稼動するので、その二基だけで一株当たり一ドルの追加利益を生み出すだろう。全体としてみれば、これからの四半期に記録的な利益を開示するにつれて、筆者は株価が上昇すると確信している。そして、本質価値の九〇％を超えた時点でパブライファンドは売却を再開するつもりである。

二〇〇三年に株価が五ドルだったときにパブライファンドが二〜三年後に期待していた結果は損益ゼロか、わずかな損失で手仕舞いできれば満足だったのである。「負け株を最低二〜三年は持ち続ける」ルールがＵＳＡＰに対する悲観的な見方がピークだったときでも、売却するのを禁じたのである。そしてチャックラービューの通り抜けルールがＵＳＡＰへの投資を、タイミングが悪く運の悪い負け投資から、非常に納得のいった投下資本利益率を生み出す投資へと変身させたのだ。

三年たってもその投資が元本を割り込んでいる場合は、ほとんどと言ってよいくらい、その事業の本質価値や価値の原動力を誤って判断したことが原因である。そしてまた、本質価値が実際に減少した場合もあるだろう。三年が過ぎたら、実現損を被るのをためらわないことだ。このような損失は、より良い投資家になるための最良の教師である。他人の経験から教訓を得るのが最適である一方で、本当に身につく教訓は自分自身のつまずきである。自分の失敗から学ぶうちにやがて、チャックラービューを通り抜けられないケースが減っていくことに気づくだろう。

チャックラービューから脱出する

複数のリングの通り抜けに成功したら、そのスパイラルから脱出するのはとても簡単である。購入してから三年以内に、本質価値と価格が収束していくはずであり、かなりの年率リターンが得られるだろう。このギャップが一〇％未満に縮小したら、ポジションを売却しても構わない。そしていったん市場価格が本質価値を上回ったら、売却するべきである。唯一の例外は税金面の考慮だろう。短期的なキャピタルゲインになりそうでも、長期的なキャピタルゲインが達成できるまで、あるいは本質価値に十分なプレミアムが上乗せされるまで保有し、余分な税負担を避けるべきである。

同時にいくつのチャックラービューに挑むべきか

アビーマンウは、ひとつのチャックラービューを通り抜けるのに精いっぱいだった。では、われわれは同時にいくつの戦いに挑むべきなのだろう？　ウォーレン・バフェットはケリーの公式に固執するまでもなく、集中した株式投資のメリットを常々、強調してきた。

世界中の富豪の多くが、たったひとつの素晴らしいビジネスを保有することで生み出されている。あなたがそのビジネスをよく理解しているのなら、それほど多くのビジネスを保有する必要はないのだ。[5]

ウォーレン・バフェット

そして二〇〇三年に、彼はさらに続けた。

本当に素晴らしい投資チャンスは非常にまれなので、そのチャンスが巡ってきたときには財産の大半を投資して挑戦するべきなのである。過去に私は、投資とは穴が二〇個開いているパンチカードを持っているのと同じだと述べたことがある。ひとつひとつについて一生懸命に考える必要はあるが、実は二〇（一生で）という数字は、あなたが投資家として大成功するには多すぎるくらいだ。[6]

ウォーレン・バフェット

そしてチャーリー・マンガーの意見は――。

このアイデア（集中したバリュー投資）は学界ではゼロの貨幣価値しかない。投資マネジャーたちは、この方法では十分な儲けが得られないと思っているのだ。彼らにはあまりに異質な考え方なのである。[7]

チャーリー・マンガー

一般的に投資信託のマネジャーは連日のように新しい戦いを始めて、同時に一〇〇を超すチャックラービューの通り抜けに挑むことを何とも思っていないのである。どおりで、彼らの八〇％以上が常にインデックスを下回っているわけである。ウォーレン・バフェットが述べているように――。

ビル・ローズがよく言っていたが、一〇〇人の女性がいるハーレムを所有していたとしても、そのだれとも深く知り合うことはないだろう。大切なのは自分が所有しているものについてよく知ることであり、それほど多くは必要ないのだ。[8]

マントラは常に、「厳選した少数に賭ける、大きく賭ける、たまに賭ける」であり、いずれもオッズがあなたに非常に有利なときに賭けるべきである。ケリーの公式は、保有すべき株の数を見つけだすための優秀なガイドである。ケリーの公式が示す値の四分の一にとどめる、「クオーターケリー」も良い方法である。多様性があり、あなたがよく理解しているバリュー銘柄を五～一〇、ポートフォリオのなかで保有することができれば、市場を完全に負かし、チャックラービューを次々と破壊しながら突き進んでいけるだろう。

アビーマンウはジレンマに陥っていた。勇敢な兵士である彼には、目の前のチャックラービューに侵入する選択肢しか残されていなかったのである。彼は自分に有利になるような侵入のタイミングを選べなかったし、出口戦略がなかったために、その不運な運命は決定づけられていたのである。われわれは三万を超すチャックラービューのなかから、ほんのひとつかみのチャックラービューを選んで、数十年間の投資期間、それを持ち続けるという贅沢を許されているのだ。この慎重に選ばれたチャックラービューに兵士たちが眠っている間に侵入することが、通り抜けの成功と大きな報酬を与えてくれるのである。

第16章 インデックス投資をするかしないか、それが問題だ

インデックス投資が優れた投資戦略であることは、多くの調査資料や経験的データが示している[1]。アクティブ投資のマネジャーは、非常にリアルで多額のフリクショナルコスト（取引コストや分析コスト）を抱えているのだ。運用総額が数千億ドルともなれば、実質的に彼らは市場そのものなのである。全銘柄の株式時価総額の半分が市場平均を下回り、半分が上回るので、平均で見ればインデックスが達成するのと同じだろう。しかし、これはフリクショナルコストを計算に入れない場合である。いったん、そのコストを計算に入れると、これらの株に投資をしている投資家の圧倒的多数（通常、八〇％超）がベンチマーク指数を下回るのである。長期

的に見れば、S&P五〇〇やラッセル二〇〇〇のように幅広い銘柄をカバーしている指数がほとんどのアクティブ運用のファンドマネジャーを上回る成果を上げるのは確実である。これは投資の法則なのだ。フリクショナルコストが存在するかぎり、アクティブに運用された資産の大半が総合株価指数を下回る。この事実は変わらない。

総合株価指数の購入は大半の投資家にとってとても良い選択肢であり、大半のライバル投資家のパフォーマンスを上回ることを保証してくれる。しかし以下の二つの理由から、われわれならもっとうまくやれるのだ。

1. 総合株価指数を長期的に完全に負かせてきた少数の投資家やファンドマネジャーは常に存在する。そして彼らの大多数がダンドー投資家なのである。この投資家たちの手法は検討に値する。あなたがパッシブ投資を好むのなら、このタイプのマネジャーを探して資産を預ける努力をする価値は大きい。出発点は、サード・アベニュー、ロングリーフ、フェアホルムなどの投資信託への投資を検討することだろう。三社とも長い目で見れば、総合株価指数を上回る可能性が非常に高いのだ。

2. インデックスの仕組みから学ぶべき教訓は多い。あなたのポートフォリオに指数的な特徴を織り込むことで、総合株価指数を大幅に上回る結果を得る可能性が出てくる。

筆者は、エール大学の一五〇億ドル規模の基金を運用しているデイビッド・スエンセンの大ファンである。彼がエール大学に赴任して二〇年になるが、その間、一六・一％の年率リターン（S&P五〇〇の一二・三％と比較して）を達成している。[2] 型にはまらない資産配分の手法によって、エール大学の債券投資をほとんど手放し、主に未公開株式、ベンチャーキャピタル、ヘッジファンド、そして、チーフテインのような集中投資型のバリューファンドに対する投資に移行したのである。

スエンセンが気づいたのは、例えば債券ファンドの場合には最高のパフォーマンスを上げているものと、最低のものとの間に大差がない一方で、ベンチャーキャピタルや未公開株式のファンドの場合にはパフォーマンスの上下間に雲泥の差が生じていたのである。[3] 債券ファンドのトップグループに投資する見返りはあまりなかったが、クライナー・パーキンスやセコイアなどの最高のベンチャーキャピタリストに対する投資は、下位二五％の投資会社に投資するよりも膨大な利益が得られるのだ。スエンセンはエールブランドを利用して、かなり初期のころから最高のファンド会社に投資をしたことで、大学にとって素晴らしい投資利回りを実現したのである。

スエンセンの新刊である『イェール大学CFOに学ぶ投資哲学』[4]（日経BP社）はとても面白い本だった。この本は個人投資家をターゲットとしているのだが、インデックス投資に特化せよとの彼の主張に、筆者は非常に驚かされたのである。彼の解釈によると、アクティブ投資は素晴らしい結果を生み出すが、それは選び抜かれた少数の有能なマネジャーに限られたもので、一般の投資家の手法ではないのだと。つまり、私のようにするのではなく、私の言うとおりにしなさいと言っているのである。筆者はスエンセンの意見に必ずしも反対ではないが、スエンセンの助言を生かして結果を改善したうえで、さらにそれをしのぐこともできるのである。

スエンセンの本の数カ月後に出版されたのが、ジョエル・グリーンブラットの**『株デビューする前に知っておくべき「魔法の公式」』**（パンローリング）である。この本も非常に面白かったので、読者もぜひ、一読してほしい。ジョエル・グリーンブラットは現代最高のバリュー投資家のひとりである。彼は控えめな四〇代であるが、過去二〇年間で年率換算四〇％の投資収益率（年率リターン）を達成してきた。これは驚くべき数字である。そして、最初の一〇年間はさらに良く、年率五〇％だったのだ。

レバレッジを掛けず、ほとんど借入金なしでポートフォリオを運用している場合には、年率五〇％のリターンを一〇年間、生み出すのは非常に非常に難しい。投資した資金が一ドル当たり一〇年間で五七・六六ドルになるのだから、元本の五六倍を超えているのである。ウォーレン・バフェットはバークシャー・ハサウェイの年次総会で、投資家になった最初の一〇年間は（一九五〇～一九六〇年）、年率五〇％のリターンを生み出していたと述べている。バフェットの場合は一九五〇年にはほんの数千ドル、そして一九六〇年には数百万ドルを運用していた。グリーンブラットは二〇年前に始めたときからすでに数百万ドル、そして一〇年後には数億ドルを運用していたのである。両者とも運用資産額が増大するにつれて、年率パフォーマンスが下落するのを経験している。しかしそれでも、両者とも市場にしっかりと打ち勝っているのである。一〇億ドルを超す運用資産を持つグリーンブラットは現在でも楽々と市場に打ち勝っている。そして驚くことにバフェットの資産は二〇〇〇億ドルに近づいているが、彼は五〇年間で二〇％以上の年率リターンを生み出してきたのである。

バフェットは、スエンセンほどインデックス投資を勧めているわけではない。証券分析に必要とされる面倒な作業を避けたい投資家には最良の選択肢だと、彼も思っているのは確かである。しかし、集中投資型のバリューポートフォリオを運用する賢い投資家は、株価指数をしのぐ成績を出せるとも述べているのだ。

グリーンブラットは『**株デビューする前に知っておくべき「魔法の公式」**』[5]（パンローリング）のなかで、個人投資家向に非常に率直なアドバイスをいくつか行っている。彼はこの本と無料のウエブサイト（http://www.magicformulainvesting.com/）を公開することで、個人投資家のために大きな便宜を図ってくれているのである。この本の主張は、割安の企業を購入するのはどんな株価指数を買うよりも、はるかに多くのリターンを生み出してくれるというものだ。

グリーンブラットの魔法の公式はこうだ。すべてのアメリカの公開株を投資リターンに基づいて、大きいほうから順に並べる。世の中に三〇〇〇銘柄があるとすれば、グーグルなどは非常に低い番号（トップ近くにランク）を割り当てられ、州立の製鉄会社などはリストの最後に掲載されるだろう。次に、もうひとつリストを作るのだが、そちらは株価収益率（ＰＥＲ）に基づいている。ＰＥＲが最も低い銘柄が一位で、最も高い銘柄が三〇〇〇位になる。そして最後に、それぞれの銘柄に割り当てられている二つの数字を足すのだ。合計数が最も低い企業が「魔法の公式銘柄」というわけである。例えばグーグルのランクは投資リターンでは一に近く、ＰＥＲでは三〇〇〇近くの数字を割り当てられるので、合計は三〇〇一付近になる。よってグーグルが、「魔法の公式の銘柄」にはなりそうにないのが分かる

魔法の公式のウエブサイトでは、二つの変数を入力することができる。あなたが調べたい最小の時価総額と、その銘柄数を二五、五〇、一〇〇など入力する。例えば、最小の時価総額が一〇〇万ドルで、銘柄数が一〇〇だとすると即座にウエブサイトに、その時価総額の一〇〇銘柄に先述した二つの公式を当てはめて得られたスコアが低い順に、リストアップされるのである。グリーンブラットは余剰資本の調整なども、多少は行っているので、単なる未調整のゴミデータではない。

グリーンブラットはさらに、投資家は魔法の公式によって選ばれた二五～三〇銘柄で、ポートフォリオを組成するべきだと提案している。彼は、二～三週間ごとに五～七銘柄を買い増していくよう推奨している。そして各銘柄を一年間保有したあとに売却して、魔法の公式リストに更新されている別の銘柄と入れ替えるのである。グリーンブラットがバックテストで検証した結果によると、魔法の公式銘柄は二〇～三〇％も年率リターンを生み出しているのである。分

析をしたり考えるまでもなく、S&P五〇〇を完全に打ち負かしている。

しかし冷静に考えてみたら、魔法の公式は実質的にはインデックスなのである。しかしこれはすべてのインデックスの母であり、最強のインデックスだ。筆者はこれをダンドーインデックスと呼びたい。ほかのインデックスよりも頻繁に入れ替わるインデックスだが、最終的には投資家にとってよりお得なのである。二五の魔法の公式銘柄を、時期をずらしながら買い増すことで、定期定額買いの要素をインデックスに持たせている。さらに、各銘柄の売り買いの判断が非常に厳格で機械的であるために、不安と欲に左右されるわれわれの進化しきれていない脳みそが、株式投資の結果を混乱させる余地がないのである。

グリーンブラットは魔法の公式を、自分自身のポートフォリオを組成する際の株式調査の入り口として活用している。彼はゴサムキャピタルで、非常に集中投資型のポートフォリオを組成しており、通常は五銘柄で資産の八〇%以上を占めている。グリーンブラットはしかし、魔法の公式の一年間の義務付け期間に縛られているわけではない。彼はこの公式をスクリーニングの手段として活用し、その後に慎重な分析を行ってから、購入する銘柄を決定している。そして、いざ購入するときには大量に仕入れるのである。

グリーンブラットもスエンセンもアクティブ型の資産運用のデメリットを認めており、インデックス投資を代替案として提案しているのだ。グリーンブラット手法のメリットは、グリーンブラットが利用している同じ銘柄群から、投資家が銘柄を購入できる点である。

ここまでを要約すると、われわれはS&P五〇〇やラッセル二〇〇〇を購入することで、大半のアクティブ型のファンドマネジャーよりも良い結果を出せるのである。もっと良い方法は、これらのインデックスを定期定額買いする。さらに良い方法はグリーンブラットの魔法の公式に手を加えずに利用する。それを多少、改善するとすれば時価総額基準が一〇〇万ドルの銘柄に限定する。スモールキャップ（時価総額が小さい銘柄）はウォール街ではフォローされていないことが多く、潜在的な本質価値よりも株価が大幅に外れている可能性が高いのである。また、利回りが最も高いもの（PERが最も低いもの）も注目に値する。このスモールキャップと高利回りを組み合わせる方法は、手当たり次第に銘柄を選ぶよりはましなのだ。

魔法の公式を適用した全時価総額の範囲には通常、約二五〇銘柄が含まれている。この二五〇銘柄は優良かつ割安な銘柄から成っている。ラッセル二〇〇〇やS&P五〇〇と比較して、このリストから一握りを選ぶのは樽のなかの大きな魚を射止めるごとく、ちょろいのである。グリーンブラット自身のポートフォリオは、水が抜けた樽のなかの五匹を射止めるのだから、ミスするはずがないのだ。

五〇セントで手に入れる一ドル紙幣——目の前に潜んでいる！

魔法の公式サイトは、五〇セントで手に入る一ドル紙幣を探しにいくには格好の場所である。

そしてそれは非常にシンプルなのだ。毎日、魔法の公式銘柄を分析するだけで、いつの間にかかなりの金持ちになれるのだから、筆者はこの手法を強く勧める。簡単なのだ。狭い樽に閉じ込められている魚を射止めるだけで、インデックスよりも遥かに優れた結果になるはずだから。しかしその樽以外でも、五〇セント紙幣を見つけられそうな九つの池を以下に紹介しよう。

1．ザ・バリュー・インベスターズ・クラブ（ＶＩＣ）のサイトは一般に公開されており、五〇セント紙幣が満載である。各銘柄の解説を http://www.valueinvestorclub.com/ でだれでも見ることができる。このホームページを作ったのはジョエル・グリーンブラットである。約二五〇人の優秀なバリュー投資家が毎年、彼らの最高のアイデアを二～四つ投稿してくれるのだ。グリーンブラットは、そのなかから今週の最高のアイデアに五〇〇〇ドルを贈っている。彼はサイト運営に二六万ドル（プラス、サイト維持費）をかけているが、収益は上げていなさそうだ。グリーンブラットはこのホームページを「ヘッジファンドマネジャーのアメリカンアイドル」と名づけている。彼はこのホームページを通じて将来性のありそうなファンドマネジャーを見つけると、シードマネーをいくらか投入して起業させているのである。この行為から彼が得るリターンだけでも、年間数百万ドルなので、サイト運営によって十分に元は取れている。さらに彼は、ホームページを通じて得たアイデアを彼自身の情報収集源としても活用しているのだ。魔法の公式銘柄の多くは、あなたの調査に役立つＶＩＣ記事を伴っている。投資家が魔法の公式で得られた銘柄を分析した「上」でＶＩＣ記事も入手できるのなら、かなり良い結果が得られるだろう。

2. バリューラインを購読する（または図書館で読む）。毎週その「ボトムリスト」を分析する。ここには、直近一三週間で価値を最も大きく失った銘柄、つまり簿価に対して大幅に割安で取引されているもの、ＰＥＲが最も低いもの、配当利回りが最も高いものなどがリストアップされている。掘り出し物を見つけるには素晴らしい宝箱だ。

3. 毎日、ニューヨーク証券取引所（ＮＹＳＥ）の直近五二週安値をチェックする。これは、ウォール・ストリート・ジャーナルなど多くの新聞に掲載されているだけでなく、ネットからも入手できる。バロンズ紙が、その週に五二週安値を更新した銘柄リストを掲載している。聞いたことがない銘柄がほとんどのはずだが、それらは無視して構わない。なじみがある銘柄に重点を置いて、そのなかからあなたの興味を引くものを深く掘り下げればよいのである。

4. アウトスタンディング・インベスター・ダイジェスト（ＯＩＤ、http://www.oid.com/）と、バリュー・インベスター・ダイジェストを購読する。両方とも、アメリカ有数のバリュー投資マネジャーのインタビューと記事を詳細に掲載している。あなたの品ぞろえに追加するアイデアをいくつか提供してくれるだろう。

5. ポートフォリオ・レポートを購読する。これはＯＩＤと同じメンバーが発行しており、北米有数のファンドマネジャーの最近の購買行動をリストにしている。代わりにこれに似たデータを、http://www.Nasdaq.com/ から入手することもできる。例えば、サウスイースタン・アセット・マネジメント（ロングリーフ・パートナーズ）が、フェアファックス・ファイナンシャル（ＦＦＨ）銘柄を保有していると筆者が知っていたとする。私は、ナスダックのホームページに行き「ＦＦＨ」と入力して、「Info Quotes」をクリックする。ＦＦＨのページに切り替わるので、「保有者・内部者 Holdings/Insiders」でクリック。次に、「保有者総数 Total Number of Holders」、最後に「サウスイースタン・アセット・マネジメントをクリックすると、彼らが保有するすべての銘柄が表示されるのである。

6. ポートフォリオ・レポートの代わりに、部分的に利用できる無料サイトはグル・フォーカス（Guru Focus　http://www.gurufocus.com/）である。これは北米の優れたバリュー投資家の売買行動を追跡している無料サイトだ。これも宝探しをするには素晴らしいホームページである。

7. バリュー・インベスター・インサイトの姉妹ホームページがスーパー・インベスター・インサイト（Super Investor Insight）である。ここもまた、現代のスーパー投資家の13Ｆファイリングを追跡している。やはり購読するに値する資料である。

8. フォーチュン、フォーブス、ウォール・ストリート・ジャーナル、バロンズ、ビジネス・ウィークなどの主要なビジネス出版物を、わずかな出費で購読する。これらの情報誌には、膨大な調査結果と知恵がページの隅々まで詰まっている。読みやすい形式の資料を、破格の値段で提供しているのだ。これらの出版物に掲載されているさまざまな企業、人物、業界について読み込むうちに、証券分析の力がつくのである。これが長期的なメリット。短期的なメリットは、あなたの注意を強く引く内容がたまに掲載されていることがあり、それが結果的に投資に結びつくのだ。例えば、筆者のレベル3債券に対する興味はバロンズの記事に触発されたものなのである。

9．年二回、開催されるバリュー・インベスティング・コングレスに参加する。これは半年に一度、ニューヨーク市とハリウッドで開催されているのだが、入場料に十分に見合う内容である。あなたの漁師としての腕を上げる方法を教えてくれるだけでなく、魚を半値で提供してくれる場合もあるのだ。

投資家が五～一〇銘柄から成るポートフォリオを組成して一～三年間保有するとしたら、彼や彼女は数カ月ごとに投資アイデアを練る必要がある。魔法の公式、ＶＩＣ、バリューライン、ＯＩＤ、バリュー・インベスター・インサイト、ポートフォリオ・レポート、スーパー・インベスター・インサイト、グル、フォーカス、そしてさまざまなビジネス出版物を組み合わせることで、あなたのもとに五〇セントで手に入る一ドル紙幣が転がり込んでくるのである。

第17章 ルジューンの集中力

——勇敢な戦士から学ぶ投資レッスン

ルジューンは、『マハバーラタ』の物語に出てくる英雄のひとりである。第15章でご記憶があるように彼はアビーマンウの父親である。ルジューンは勇敢な戦士であり地球上で最も優れた弓の名手であった。ルジューンのような若い王子は学識の深いグルの教育を受けるために、森の奥深くへと送られるのが慣わしだった。子供のころに森に送られ、調和のとれた有能なリーダーとして戻ってくるのである。典型的なグルは経験豊かな哲学者、学識の深い学者、熟練した戦士をすべてひとつにしたような人物だった。そして、ルジューンのグルはそのなかでもずば抜けて優れた伝説的な人物であるドローンアーチャーヤ（Dronacharya）である。

ドローンアーチャーヤは彼自身が熟練した戦士であり、王子たちに弓の神髄を巧みに伝授していた。ある日、彼は生徒たちの弓の技術を試すことにしたのである。色づけされた木製の魚を長いさおに固定すると、それを水たまりの中心に突き立てたのだ。彼は学生たちに水のなかに映っている魚の姿を見ながら、さおの先についている魚の目を射抜くよう指示したのである。

最初の生徒が立ち上がって位置についた。ドローンアーチャーヤが何が見えるか尋ねると、生徒は地面と水とさおと魚が見えると答えた。ドローンアーチャーヤは、お前はまだ準備ができていないので座るようにと伝えた。そして次の生徒に前に出るように言った。二番目の生徒が位置につくと、ドローンアーチャーヤは何が見えるのか尋ねた。生徒は、水、さお、そして水に映し出された魚の姿だと答えた。ドローンアーチャーヤは彼にも準備ができていないようなので座るようにと伝えた。王子、一人ひとりに前に出てこさせて見えるものを尋ねては座らせたのである。そして最後に、ルジューンに前に出るよう言ったのである。ルジューンは位置につき、ドローンアーチャーヤは何が見えるのかと彼に尋ねた。ルジューンは、魚の目の中心しか見えませんと答えたのである。ドローンアーチャーヤは弓を放つようにと言った。ルジューンが言われたとおりにすると、魚の目のど真ん中に矢は命中したのである。

ルジューンをたたえると、ドローンアーチャーヤは、ほかの学生たちは「予備試験」に落ちたために、標的を射る準備が整わなかったのだと説明したのである。弓の神髄とは、標的に意識を集中させることにほかならない。弓手が標的にだけ集中できなければ、成功する確率は低いのだ。これが、ドローンアーチャーヤがその日、学生たちに教えたレッスンだったのである。まぁ、これは興味深い物語ではあるが、『マハバーラタ』の一節がダンドー投資家と、どう関係しているのだろう？

それでは、投資世界の風景をちょっと眺めてみよう。世界中の数十カ所の取引所に上場された公開企業が一〇万社以上はある。さらに世界には、やはり売買可能な数十万の株式非公開の企業が常に存在している。これに、数万種類の債券、通貨、商品、不動産、プット・コール・オプション、投資信託、ヘッジファンド、国債――終わりのないリストを足すと、どの投資家にも提供されている投資対象の膨大な数と範囲の広さは圧倒されるほどなのである。

ダンドー投資家は、シンプルで内容をよく理解している企業にだけ投資する。この要件だけでも、可能な投資の選択肢を九九％除外できるだろう。ルジューンと同じように、われわれは、シンプルでわれわれがよく理解している企業についてだけ、よく読み込むべきなのである。自分が熟知している範囲内にしっかりととどまり（サークル・オブ・コンピテンス）、それ以外の雑音については、その存在すら知る必要がないのだ。そして範囲内の企業については、関連図書や出版物、企業レポート、業界誌などを読み込めばよいのである。そしてときどき、あなたの注意を強く引く企業が目にとまるときがあるかもしれない。身がありそうで、その企業が本質価値に比べて割安だと感じるのなら、さらに突き進むべきである。その時点で、ルジューンのように焦点を絞ってその銘柄に意識を集中させなければならない。あなたの目には、たったひとつの企業だけが映っていればよいのである。それ以外は視界からシャットアウトするのだ。その一社以外は地球上に存在しない。そしてその企業が本当に例外的な投資チャンスなのか、掘り下げてみるのである。ダンドー買いなのかを自分に問う。ほとんどの場合は、あなたが望むほどの安さではないか、何か気になる点があってその機会をパスするだろう。そんなときには再び限られた範囲内をレーダーで調べればよいのである。そして、またあなたが「ハッ」とする企業が目にとまったら、その企業に熱心に集中しているうちに投資対象として却下するか、すべてのダンドーフィルターを通過して、投資をするべきかが定まるのである。

五つの企業を同時に見るという致命的な間違いを起こさないように。理由がどうであれ、あなたの注意を強く引いた企業についてできるかぎり調べて、その一社にだけ焦点を絞るのだ。分析の最終段階になったときにだけ、自信が持てるほかの候補にも目を向けるべきである。

結びとして、私自身の考えをいくつか述べたいと思う。もっとも効果的な学習方法は教えることであり、本書の執筆は私にとって素晴らしい学習体験だった。ジョン・ワイリー・アンド・サンズ出版の皆さんの励ましがなければ、書けなかっただろう。このチャンスと経験を与えてくれたことに感謝している。

本書は、読者の富を最大化する方法に焦点を絞っている。私の親愛なる父親は一九九七年に他界した。父は常々、われわれはこの世に裸で生まれてくるが、この世を去るときも裸なのだと言っていた。針一本さえもあの世に持って行けた者はいないのである。われわれは、生と死の間を埋めるために生きているのだとも言っていた。私が一言付け加えたいのは、富や自身と家族の快適な生活を最大化することだけに集中した人生は生き方としては最適とは言えないということである。

エイブラハム・ジョージはインド・ケララ州の出身だが、彼の友人であることを筆者は誇りに思っている。ジョージは数十年前にアメリカに来たのだが、起業家として成功した彼は数年前に事業を売却して数百万ドルを手にしたのである。彼はその大半を、ジョージ基金（George Foundation、http://www.tgfworld.org/）を通じて再投資する道を選び、インドの最貧困層を助けるための素晴らしいプロジェクトを展開している。つい最近、基金に救われた貧しい男が彼に尋ねた。「なぜ私を助けてくれるのですか?」。ジョージは素っ気なく、「あなたのことが好きだから」と答えたのである。しかし、貧しい男は再び尋ねた。「なぜ、われわれ全員を、助けてくれるのですか?」。ジョージは男が本音を知りたいのだと悟り、そこで本音を述べることにした。「あなたを助けることが、私を幸せにするから」。ジョージがこれらの活動から与えられる幸せはガルフストリーム社のジェット機を所有したり、世界中に宮殿のような家を所有することよりも、はるかに満足度が高いのだろう。私は、エイブラハム・ジョージや多くの人が見つけた幸せを、皆さんも見つけるよう願うのである。

カリール・ジブランは、彼の小さな本である『預言者』[1]（至光社）のなかで、素晴らしい人生観を伝えてくれている。この美しい本には余分な文章もページもない。ジブランの規範に従って生きるのは非常に難しいが、しかしその存在に気づくだけでも、われわれを、少しはましな人間にしてくれるかもしれない。筆者は以下の言葉に心を動かされた。

自分の持ち物を与えてもあまり与えたことにはならない。自分自身を与えたときが本当の与えなのである。持ち物は明日への備えとして守られているにすぎないのだから。……多くの持ち物のなかから少しだけ与える者がいるが、認められたいという密かな願望は贈り物から豊かさを奪う。……

その一方で、負担に感じたり、喜びを求めたり、美徳を意識せずに与える者がいる。……神は彼らの手を通して語り、彼らの目を通して地上に微笑みかけるのである。……「ふさわしい者にだけ与える」と人はよく言う……しかし昼と夜を授かるに値するのなら、それ以外のすべてをあなたから受け取るにふさわしいはず。命という大海から飲むに値するのなら、あなたという小川から飲むにふさわしいのだ。……

まず、あなた自身が与え人としてふさわしく、与える道具なのだと気づきなさい。すべての命は命へと受け渡されるのであり、自分を与え人と思うあなたもその証人にすぎないのだから。[2]

カリール・ジブラン

読者が富を最大化するために、ダンドーのテクニックをしっかりと活用することを筆者は勧めたい。しかし、あなたの体がこの世から消えてなくなるずっと前に、あなたの時間とダンドーマネーのいくらかを、この世界をあなたが感じたよりも少しだけ良いところにするために費やしてもらいたいと思うのである。われわれは世界を変えることはできない。しかし、この世界をたった一人、いや一〇人、一〇〇人、もしかしたら数千人のために、より良くすることはできるのである。

17. 『**株デビューする前に知っておくべき「魔法の公式」**』（パンローリング）

第15章

1. C. Rajagopalachari, trans., Mahabharata, 36th ed.（India : Auromere, 1999）.
2. Simon Reynolds, Thoughts of Chairman Buffett（New York : Harper Collins, 1998）.
3. 『**株デビューする前に知っておくべき「魔法の公式」**』（パンローリング）
4. http://www.univstainless.com/ 参照。
5. バークシャー・ハサウェイ年次総会（1996年５月６日）
6. バークシャー・ハサウェイ年次総会（2003年５月３日）
7. ６参照。
8. http://www.berkshirehathaway.com/ の1984年と1985年参照。

第16章

1. 『インデックス・ファンドの時代――アメリカにおける資産運用の新潮流』（東洋経済新報社）
2. Marcia Vickers, "The Money Game"（フォーチュン 2005年10月３日号）
3. 『イェール大学CFOに学ぶ投資哲学』（パンローリングより復刊予定）
4. ３参照。
5. 『**株デビューする前に知っておくべき「魔法の公式」**』（パンローリング）

第17章

1. 『預言者のことば』（サンマーク出版）、『預言者』（至光社）、『生きる糧の言葉』（三笠書房）
2. １参照。

第13章

1. http://www.stewartenterprises.com/ と http://www.sec.gov 参照。
2. http://www.level3.com/ 参照。
3. Jonathan R. Laing, "Level 3's Next Stop"（バロンズ 2001年6月16日号）
4. 2参照。
5. Value Line Investment Survey, Part 1, Summary & Index（New York : Value Line Publishing, 4th Quarter 2001 Reports）.
6. http://www.knightsbridgetankers.com/ 参照。

第14章

1. Purnima Mudnal, "Newport's Tarsadia Goes from Motels to Hotels", Orange County Business Journal, September 12-18,2005, pp. 1, 85-86.
2. http://www.mcdonalds.com/ 参照。
3. Jan Uebelherr, "Burgers from the Ground Up", Journal Sentinel（Wisconsin）, May 7, 1999.
4. Chuck Martin, "Sandwich History", Cincinnati Enquirer,March 24, 2004.
5. 2参照。
6. Bonnie Cavanaugh, "GA Enterprises Inc. : Egg McMuffin Creator Is a McD's Franchisee Committed to His Employees", Nation's Restaurant News, January, 1998.
7. 2参照。
8. Amy Zuber, "McD Aims 'Mighty Kids' Meal at Preteens, Combats BK Initiative", Nation s Restaurant News, April 2, 2001.
9. John F. Love, Behind the Arches（New York : Bantam Books, 1986）
10. Pamela Blarney, "McDonald's Flips Away Three Low-Fat Items," Supermarket News, February, 1996.
11. John Schmeltzer, "McDonald's Chickens Out," Chicago Tribune, Business Section, July 12, 2006.
12. Paul Carroll, Big Blues : The Unmaking of IBM（New York : Crown Books, 1993）.
13. 『帝王の誕生』（三田出版会）
14. 『帝王ビル・ゲイツの誕生』（中央公論新社）
15. 『闘うプログラマー』（日経BP出版センター）
16. The Berkshire Hathaway Owners' Manual, 2005 Berkshire Hathaway Annual Report.

9. 『ビジネスは人なり　投資は価値なり』（総合法令出版）
10. ８の1964～1967年の年次報告参照。
11. 10参照。
12. Cisiova Incorporated, http://www.cisiova.com/betsizing.asp,2004
13. Edward O. Thorp, "The Kelly Criterion in Blackjack, Sports Betting, and the Stock Market", Paper presented at the 10th Annual Conference on Gambling and Risk Taking, Montreal,June 1997; revised May 1998. Available at http://www.bjmath.com/bjmath/ thorp/paper.htm
14. Michael Mauboussin, "Mauboussin on Strategy : Size Matters", Legg Mason Capital Management, February 1, 2006, http://www.leggmason.com/funds/knowledge/mauboussin/Mauboussin_on_Strategy_020106.pdf
15. 『インデックス・ファンドの時代――アメリカにおける資産運用の新潮流』（東洋経済新報社）

第11章

1. Amar V. Bhide, The Origin and Evolution of New Businesses（Oxford : Oxford University Press, 2000）.
2. CompuLink's corporate web site, http://www.compulinkusa.com
3. バークシャー・ハサウェイ年次総会（2000年５月１日）
4. Warren Buffett, July 1999 at Allen & Co.'s annual conference/retreat in Sun Valley, ID.

第12章

1. **『賢明なる投資家』**（パンローリング）
2. Luisa Kroll and Lea Goldman, "The World's Billionaires"（フォーブス2005年３月10日号）
3. ウォーレン・バフェット「1998年バークシャー・ハサウェイの株主への手紙」（「1977～2005年期の手紙は、http://www.berkshirehatahaway.com/　で参照可能）。また、当該企業から３巻スタイルで入手可能（35ドル）このなかにはウエスコ株主に対するマンガーの手紙も含まれている。
4. ３参照。
5. Peter D. Kaufman, ed., Poor Charlie's Almanack（Virginia Beach, VA : Donning Company Publishers, 2005, 89P）

3. Linda Grant, "The $4-Billion Regular Guy"（ロサンゼルス・タイムズ・マガジン 1991年４月７日号）
4. バークシャー・ハサウェイ年次総会（1996年５月６日）
5. ウォーレン・バフェット「1998年バークシャー・ハサウェイの株主への手紙」（「1977～2005年期の手紙は、http://www.berkshirehatahaway.com/で参照可能）。また、当該企業から３巻スタイルで入手可能（35ドル）このなかにはウエスコ株主に対するマンガーの手紙も含まれている。
6. ５参照。
7. **『賢明なる投資家』**（パンローリング）

第９章

1. Peter D. Kaufman, ed., Poor Charlie's Almanack（Virginia Beach, VA : Donning Company Publishers, 2005, 59P）
2. Arie de Geus and Peter M. Senge, The Living Company（Boston: Harvard Business School Press, 1997）.

第10章

1. 『天才数学者はこう賭ける』（青土社）
2. Michael Mauboussin, "Mauboussin on Strategy : Size Matters", Legg Mason Capital Management, February 1, 2006（http://www.leggmason.com/funds/knowledge/mauboussin/Mauboussin_on_Strategy_020 106.pdf.）
3. Peter D. Kaufman, ed., Poor Charlie's Almanack（Virginia Beach, VA : Donning Company Publishers, 2005, 184P）
4. **『ディーラーをやっつけろ！』**（パンローリング）
5. ４参照。
6. １参照。
7. Chris Leither, Ludvig von Mises, Meet Benjamin Graham : Value Investing from an Austrian Point of View, Austrian Economics and Financial Markets Conference, Venetian Hotel Resort Casino,Las Vegas, NV, February 18-19, 2005; posted on the web at http://mises.org/journals/scholar/Leithner.pdf
8. Warren Buffett, Letters to Partners of the Buffett Partnerships, 1956-1970, 1963, 1964 letters.

2. Warren Buffett, "1974 Letter to Shareholders of Berkshire Hathaway", Berkshire Hathaway Annual Report（1974）
3. Patricia Sellers, "Eddie Lambert : The Best Investor of His Generation"（フォーチュン 2006年２月６日号）
4. "The Motley Fool Take", March 10, 2003, The Motley Fool, http://www.fool.com/news/take/2003/take030310.htm
5. Warren Buffett and Carol Loomis, "Mr. Buffett on the Stock Market"（フォーチュン 1999年11月22日号）
6. Lecture by Warren Buffett at the University of Florida's School of Business（1998年10月15日号）
7. Peter D. Kaufman, ed., Poor Charlie's Almanack（Virginia Beach, VA : Donning Company Publishers, 2005, 52P）
8. ７参照。
9. John C. Coffee Jr., Louis Lowenstein, and Susan Ackerman, eds., Knights, Raiders and Targets（New York : Oxford University Press, 1988, 11-27P）
10. **『賢明なる投資家』**（パンローリング）
11. 10参照。

第6章

1. http://www.nyse.com/about/history
2. Peter D. Kaufman, ed., Poor Charlie's Almanack（Virginia Beach, VA : Donning Company Publishers, 2005, 182P）

第7章

1. John Burr Williams, The Theory of Investment Value（Flint Hill, Virginia : Fraser Publishing, 1997/1938）.

第8章

1. Terence P. Mare, "Yes, You Can Beat the Market/7 Fortune magazine, April 3, 1995
2. L. J. Davis, "Buffett Takes Stock"（ニューヨーク・タイムズ・マガジン 1990年４月１日号）

脚注

第1章

1. Govind B. Bhakta, A Gujarati Community History in the United States, UCLA Asian American Studies Center, 2002.
2. 1参照。

第3章

1. 『ヴァージン――僕は世界を変えていく』（阪急コミュニケーションズ）
2. 1参照。
3. 1参照。
4. "For the Beat in Your Life : Virgin Launches Premium Brand of 'Personal Electronics'"（2003年10月15日のヴァージングループのプレスリリース）
5. http://www.oneaccount.com./ 参照。
6. 『僕たちに不可能はない』（インデックス・コミュニケーションズ）
7. Necker Island Rate Card, http://www.virgin.com/subsites/necker/Necker_Rates_05-08.pdf 参照。

第4章

1. Luisa Kroll and Lea Goldman, "The World's Billionaires"（フォーブス 2005年3月10日号 125P）
2. Charles Paul Lewis, How the East Was Won : The Impact of Multinational Companies on Eastern Europe and the Former Soviet Union（Palgrave McMillian, 2005）
3. The Turnaround of lspat Karmet, Case study by the Institute of Chartered Financial Analysts of India, Center for Management Research, 2005.

第5章

1. Whitney Tilson, "The Perfect Business", November 24, 2004, The Motley Fool, http://www.fool.co.uk/stockideas/2004Z/siO41124.htm

訳者あとがき

本書は二〇〇六年六月に出版された『The Dhandho Investor』の邦訳である。インドのムンバイ生まれのモニッシュ・パブライ氏は、二〇〇四年に米経済誌フォーブスにバフェット信者の一人として紹介され、二〇〇七年にはウォーレン・バフェットと会食する権利を五度目の挑戦で落札した投資家としてメディアをにぎわせた。自他ともに認める熱心なバフェット信者である。

一九九九年にカリフォルニア州アービンを拠点として設立されたパブライファンドは、そのシンプルな手数料体系などバフェットの手法をそっくりマネしたものだと本人は謙遜するが、一九九九年にパブライファンドに投資した一〇万ドルは二〇〇六年末には約六六万ドルになり、七年半で年率リターンが二八・六％という好成績を収めたのである。

バリュー投資家であるパブライ氏が投資の世界に足を踏み入れたきっかけは起業家としてであった。経営者であることが投資に役立ち、その逆もしかりというのはバフェットも述べていることだが、本書は、複数の起業家がビジネスを立ち上げて成長させて行った軌跡のなかから、バリュー投資家が利用できる枠組みを明らかにしている。

例えば、一九七〇年代にアメリカに移民として渡り、全米のモーテル市場を席巻することになるインド系アメリカ人のパテルや、マイクロソフトやヴァージン航空の起業には共通点がある。初期投資がかぎりなくゼロに近いためにリスクが極めて低い代わりに、不確実性が高かったのである。低リスクと高い不確実性が素敵なコンビなのは、ウォール街がこの二つを混同するからである。1～2四半期先の短期的な見通しを重視するウォール街に対して、ビジネスの本質的な価値を重視するバリュー投資家には「時間」という武器がある。

もうひとつの重要なテーマは、成功者のビジネスをマネし、先人の工夫や結果を拡大していくことが起業家として、またそのようなビジネスに投資をすることが投資家として成功する一歩であるというものだ。実はパブライ氏には苦い経験がある。クレムソン大学卒業後にイリノイ工科大学院に進んだ彼は、テラップス社に技術者として勤務しながら起業の準備に取りかかり、一九九〇年にトランステック社を起業するために退職し、大学院も中退している。トランステック社は彼の元の勤務先であるテラップス社を手本にして設立されたが、九年後には従業員数二〇〇人を雇用する年商三〇〇〇万ドルの企業へと成長していた。しかし、ITバブルの波に乗りインターネットと実店舗を組み合わせた新しいサービスを提供するために、トランステック社とは別の企業を立ち上げたのである。ところが、IPO市場が崩壊してVC支援が得られず、結果的にこの挑戦は一一カ月で幕を閉じることになる。

パブライ氏の父親はインドとドバイで一〇数社の企業を設立し、倒産も経験した起業家であった。子供のころから父親の教えを受けたパブライ氏は、高校を卒業する前にMBA修了者と同等の経験を積んでいたという。このように、イノベーション――革新的なアイデアに挑戦する楽しさやリスクも知っている人の「革新者よりも成功者をマネしたビジネスに投資すべき」という言葉には重みがある。本書が著されてから世界は未曾有の金融危機に襲われた。パブライファンドが大きな打撃を受けたのは言うまでもないが、二〇〇九年一月に彼が投資家に送ったレポートによると、二〇〇八年の第4四半期には五〇セントで手に入れる一ドル紙幣だけでなく二〇セント以下で購入した銘柄が複数あり、長期的に見れば大きなリターンが見込めるという。この新しい金融情勢に合わせてその投資手法を進化させていく様子は、パブライファンドに投資していない者にとっても興味深いが、パブライ氏が元気な理由はもうひとつある。

冒頭で述べたように、ウォーレン・バフェットと会食する権利を落札するために支払われた六五万一〇〇ドルはすべて、クライド基金（サンフランシスコで貧困やホームレスを支援する非営利組織NPO）に寄付される仕組みになっている。本書の最終章でパブライ氏が述べているように、世の中に利益を還元することの大切さだが、バフェットとの会食で彼がアドバイスを得たかったのは投資のことよりも、夫人と始めたばかりの慈善活動についてであったという。パブライ氏はウォーレン・バフェットの投資哲学だけでなく、人生観そのものを手本にしているると公言してやまない。

現在、パブライ夫妻はインドの地方に住む貧困層のなかで、能力がありながら経済的な理由から教育が得られない学生をインド国立工科大学やインド工科大学に入学させるためのプロジェクトに取り組んでいる。ダクシャナ基金（http://www.dakshana.org/）は、ムハンマド・ユーナスのグラミン銀行やその他のＮＰＯを手本にしており、大成功しているようだ。ユーナスはノーベル平和賞ではなく、経済学賞を贈られるべきだったとパブライ氏は述べているが、ダクシュナ基金も支援した学生が社会で成功したあとには収入のいくらかを基金に還元することを期待している。

最後になりましたが、パンローリング株式会社、編集者の阿部達郎氏、校正者、すべての関係者、そして原作者に深く感謝いたします。

船木麻里

二〇〇九年六月

■著者紹介

モニッシュ・パブライ（Mohnish Pabrai）

1950年代のバフェットパートナーシップの原型をモデルにしたパブライ・インベストメント・ファンドのマネージングパートナー。1999年の創設以来、パブライファンドは、28％超の年率リターンを上げてきた。また、同氏はフォーブス誌やバロンズ紙から高い評価を得ており、CNBCやブルームバーグなどのテレビ番組やラジオにもゲスト出演している。

■訳者紹介

船木麻里（ふなき・まり）

上智大学を卒業後、米系投資銀行を経て、金融、ビジネス、科学関連を中心に翻訳を行っている。訳書に『ヘッジファンドの錬金術』（パンローリング）などがある。

2009年８月３日　初　版第１刷発行
2019年４月２日　新装版第１刷発行

ウィザードブックシリーズ(275)

ダンドーのバリュー投資
――低リスク・高リターン銘柄の発見術

著　者　モニッシュ・パブライ
訳　者　船木麻里
発行者　後藤康徳
発行所　パンローリング株式会社
〒160-0023　東京都新宿区西新宿 7-9-18　6階
TEL 03-5386-7391　FAX 03-5386-7393
http://www.panrolling.com/
E-mail　info@panrolling.com
編　集　エフ・ジー・アイ（Factory of Gnomic Three Monkeys Investment）合資会社
装　丁　パンローリング装丁室
組　版　パンローリング制作室
印刷·製本　株式会社シナノ

ISBN978-4-7759-7244-1